Mascha Schacht

Kräuter Basics

Alles, was
Aromafans
wissen müssen

Mascha Schacht

Kräuter Basics

Alles, was
Aromafans
wissen müssen

INHALT

Winter   90

Gestaltung   106

DIE GU-QUALITÄTSGARANTIE

Wir möchten Ihnen mit den Informationen und Anregungen in diesem Buch das Leben erleichtern und Sie inspirieren, Neues auszuprobieren. Bei jedem unserer Produkte achten wir auf Aktualität und stellen höchste Ansprüche an Inhalt, Optik und Ausstattung. Alle Informationen werden von unseren Autoren und unserer Fachredaktion sorgfältig ausgewählt und mehrfach geprüft. Deshalb bieten wir Ihnen eine 100 %ige Qualitätsgarantie.

Darauf können Sie sich verlassen:
Wir legen Wert auf einen nachhaltigen Umgang mit der Natur im eigenen Garten. Wir garantieren, dass:
• alle Anleitungen und Tipps von Experten in der Praxis geprüft und
• durch klar verständliche Texte und Illustrationen einfach umsetzbar sind.

Wir möchten für Sie immer besser werden:
Sollten wir mit diesem Buch Ihre Erwartungen nicht erfüllen, lassen Sie es uns bitte wissen! Wir tauschen Ihr Buch jederzeit gegen ein gleichwertiges zum gleichen oder ähnlichen Thema um. Nehmen Sie einfach Kontakt zu unserem Leserservice auf. Die Kontaktdaten unseres Leserservice finden Sie am Ende dieses Buches.

GRÄFE UND UNZER VERLAG. *Der erste Ratgeberverlag – seit 1722.*

GENUSS VORAUS!

IN LAVENDELBLAUEN BALKONTRÄUMEN SCHWELGEN. DIE **KOCHKÜNSTE** IN BISHER UNGEAHNTE HÖHEN KATAPULTIEREN. EXOTISCHES WIE STEVIA, PILZKRAUT UND WASABI AUSPROBIEREN. SIND **KRÄUTER** NICHT EINFACH ETWAS WUNDERBARES? SCHAREN SIE DIE **MULTITALENTE** IM TOPF ODER IM BEET UM SICH. EIN **KRÄUTERFLÜSTERER** STECKT BESTIMMT AUCH IN IHNEN!

Für jeden ist ein Kraut gewachsen

Egal für welche Verwendung oder welchen Einsatz – unter den aromatischen Tausendsassas sind bestimmt viele dabei, die Ihren Garten, Ihre Terrasse oder Ihren Balkon bereichern!

Legen Sie einen Gärtnereibesuch am besten auf die Mittagszeit. Dann duften die Pflanzen besonders intensiv und Sie können die Aromen gut miteinander vergleichen.

Man erkennt sie an ihrem Gesichtsausdruck: die Augen in stiller Verzückung geschlossen, die Lippen entspannt und die Mundwinkel klar aufwärts orientiert. Vor allem aber achte man auf die Nasenflügel: sanft erzitternd beim Versuch, möglichst viel des köstlichen Aromas in sich aufzunehmen und seine Zusammensetzung in Sekundenbruchteilen direkt zum limbischen System im Gehirn durchzufunken (→ S. 82) – Start der Glückshormonausschüttung, genau jetzt! Kräuterfans sind Genussmenschen durch und durch, es wäre vergebliche Liebesmüh, das verbergen zu wollen. Für das perfekte Pesto würden sie fast alles tun, die Aussicht auf eine Massage mit anregendem Rosmarinöl oder auf ein Lavendelbad bei Kerzenschein versetzt sie in Hochstimmung, ihre Balkone und Gärten sind natürlich ein Paradies der Düfte – oder etwa nicht?

Grüne Allroundtalente

Mit Kräutern ist das so eine Sache. Denn mal im Ernst: Pflanzen, die über einen solchen Reichtum an wertvollen Inhaltsstoffen verfügen, dass sie seit Jahrhunderten als Nahrungs- und Heilpflanzen Verwendung finden; deren ätherische Öle schon beim Einatmen das Wohlbefinden heben und innerhalb von Momenten Erinnerungen an die Kindheit – Omas Lavendelkissen! – hervorrufen; deren Geschmack ein schnödes Butterbrot, die 08/15-Soße am Salat oder eine Karaffe mit Leitungswasser in delikate Köstlichkeiten verwandeln kann – müssen die nicht unheimlich schwierig zu ziehen sein?
Die Antwort ist ganz eindeutig: Nein! Kräuter machen wirklich rundum glücklich, denn die

Glücksfaktor Basilikum: Duftende Kräuter sorgen im Nu für gute Laune.

Kräutergärtnereien laden zu spannenden Streifzügen ein, auf denen man immer wieder neue Arten und Sorten entdecken kann.

allermeisten Arten sind absolut simpel anzubauen. Mit einem Minimum an Grundwissen sind selbst bislang notorische Basilikumkiller im Nu in der Lage, sich kräutertechnisch selbst zu versorgen – Misserfolge beruhen häufig auf einfach zu bereinigenden Unklarheiten. Sind die aus dem Weg geräumt, überlebt nicht nur das Basilikum die scheinbar in Stein gemeißelte Drei-Wochen-nach-Einkauf-Wegwerf-Grenze, sondern es erwacht auch die Lust auf mehr: mehr Kräuter, mehr Gärtnern, mehr Genuss für alle Sinne. Die Kräuterwelt ist riesig und wer einmal mit der Entdeckungstour begonnen hat, findet sich schon bald inmitten einer illustren Schar unterschiedlichster Garten- oder Topfbewohner wieder. Und das Repertoire ist mit den üblichen Verdächtigen aus dem mitteleuropäischen und mediterranen Klima längst nicht ausgeschöpft!
Praktischerweise sind Kräuter nicht nur Meister der inneren Werte, sondern oft auch

äußerlich ausgesprochen attraktiv. Dadurch finden sie überall im Garten ihren Platz oder werden in eigenständigen Kräutergärten arrangiert zum Blickfang.
Damit sich Einsteiger in Sachen Kräuter gut zurechtfinden, ist das Buch in drei Teile gegliedert. Im ersten Kapitel geht es um grundlegende Anbau-Basics und wir machen einen Exkurs ins Thema Pflanzenschutz, schließlich sind Kräuter zwar robust, aber nicht gegen alles gefeit.
Es folgt das Kräuterjahr vom Frühling bis zum Winter mit einem Überblick über die anfallenden Pflegearbeiten und zur Jahreszeit passenden Rezepttipps. Zu guter Letzt schließt sich ein Kapitel zum Thema »Gestalten mit Kräutern« an. Und eingestreut finden sich neben vielen kleinen Projekten für das schnelle Erfolgserlebnis zwischendurch natürlich jede Menge toller Kräuter, die zu testen sich definitiv lohnt. In diesem Sinne: genuss- und erkenntnisreichen Lesespaß!

Lichtgestalten und Schattenwandler

Der Balkon macht einen auf Freilandtoaster, während der Hinterhof die Sonne nur vom Hörensagen kennt? Lassen Sie sich nicht schrecken: Für jeden Platz gibt es die passenden Kräuter!

Info

Kübelpflanzen gewöhnt man nach dem Winter langsam an die Sonne. Dafür stellt man die Töpfe zunächst für einige Tage in den Halbschatten.

Wer keine Sonne gewöhnt ist, bekommt schnell einen Sonnenbrand, Sonnenanbeter räkeln sich dagegen hingebungsvoll in der Mittagshitze. Wärme und Kälte sind bekanntlich relativ – das zeigt auch der winterliche Kampf der Geschlechter ums Thermostat sowie manche kuriose Urlaubsbegegnung zwischen T-Shirt- und Vliesjackenträgern.

Jeder, wie er's mag

Den Pflanzen geht es nicht anders als den Menschen: Sie haben bestimmte Ansprüche an Licht und Temperatur, bei denen sie sich optimal entwickeln, einen gewissen Toleranzbereich, in dem sie zwar weniger üppig wachsen und blühen, aber noch gedeihen, und schließlich eine Grenze, unter oder über der sie streiken, das heißt dahinkümmern und kränkeln. Einen grundlegenden Unterschied gibt es allerdings: Wir Menschen können uns jederzeit selbstständig unter den Sonnenschirm verziehen oder ins beheizte Haus verschwinden, die Pflanzen nicht. Falls man es also nicht als seine Lebensaufgabe betrachtet, eingetopfte Pflanzen je nach Wetterlage von A nach B und wieder zurückzuräumen oder im Garten ständig mit Sonnensegel oder Wärmevlies zu hantieren, sollte man von Anfang an Kräuter auswählen, die zum jeweiligen Standort passen.

Ihr Garten oder Balkon ist sonnig oder halbschattig? Dann haben Sie die große Auswahl, denn viele Kräuter stammen aus südlichen Gefilden. Andere Arten, die Halbschatten bevorzugen, sind flexibel: Sie kommen bei ausreichender Bodenfeuchte oft auch mit praller Sonne klar.

Echte Sonnenanbeter sind meist schon optisch leicht zu erkennen, da sie sich mit cleveren Strategien gegen die intensive

Im Frühling bringt Bärlauch schattige Ecken zum Leuchten – und Duften.

Schnittlauch verträgt Sonne und Halbschatten, wichtiger ist für ihn die Bodenfeuchte.

Urlaubsflair garantiert: Volle Sonne treibt Rosmarin zu Höchstleistungen.

Strahlung wappnen. Bei Thymian, Rosmarin und Berg-Bohnenkraut ist die Blattoberfläche extrem verkleinert, um die Verdunstung zu senken. Zudem besitzen sie, wie auch der Lorbeer, eine besonders feste Außenhaut. Lavendel, Currystrauch und Königskerze schützen sich mit einer silbrig-grau bereiften Oberfläche oder einem silbrigen, das Sonnenlicht reflektierenden Flaum.
Tipp: Auf sonnigen Balkonen schützen große Kübelpflanzen oder ein gespanntes Bettlaken als Sonnensegel vor zu viel Strahlung, im Garten spendet ein Obstbaum mittlerer Größe oder eine Blüten- und Wildobsthecke Schatten und erweitert die Palette infrage kommender Kräuterarten.

Du hast 'nen Schatten!

Was die wenigsten wissen: Viele Kräuter führen ausgesprochen gerne ein Schattendasein und sind oft besonders pflegeleicht, schon weil abseits der prallen Sonne meist weniger gegossen werden muss. Waldmeister, Stevia, Anis, Kerbel, Bergminze und Zitronenmelisse etwa sind mit Halbschatten mehr als nur zufrieden. Bärlauch, Petersilie, Lorbeer, Gartenkresse, Wasabi, Jiaogulan sowie viele Wildkräuter kommen ganz ohne direktes Sonnenlicht gut klar. Übrigens, wer sich schon immer gefragt hat, was dieser »Halbschatten« überhaupt sein soll: Er bezeichnet Plätze, die täglich vier bis fünf Stunden Sonne abbekommen.

Einmal rund um die Erde

Ein gutes Substrat bildet wortwörtlich die Grundlage für erfolgreiches Pflanzenwachstum. Egal ob gekauft oder selbst gemischt, im Mittelpunkt stehen immer die Ansprüche der Kräuter.

Torffreie Substrate sind aus ökologischen Gründen beliebt, neigen allerdings manchmal extrem zum Verdichten. In diesem Fall einfach noch eine große Portion Sand untermengen.

Erde ist weit mehr als nützlicher »Dreck«, der den Pflanzenwurzeln Halt gibt. Sie ist der Stoff, aus dem die Gärtnerträume sind – oder auch Albträume. Gute Pflanzenerde ist auf der einen Seite in der Lage, Nährstoffe und Wasser zu speichern und bei Bedarf wieder an die Pflanzen abzugeben. Gleichzeitig muss sie aber auch genügend Luft an die Wurzeln lassen, damit diese nicht faulen – Strukturstabilität heißt das Zauberwort, die Erde darf also nicht in sich zusammensacken, sondern sollte das gewünschte Porenvolumen auf Dauer behalten. Darüber hinaus interessiert den Gärtner der pH-Wert der Erde, also ob sie eher kalkhaltig, neutral oder aber im sauren Bereich angesiedelt ist, was beispielsweise auf die meisten Moorböden zutrifft. Je nach pH-Wert fühlen sich unterschiedliche Pflanzen in der Erde wohl. Die meisten Kräuter bevorzugen einen pH-Wert im leicht sauren bis neutralen Bereich (5,5–6,5), entsprechend werden meist auch im Handel Kultursubstrate aus diesem Bereich angeboten. Daneben gibt's auch Spezialsubstrate wie Moorbeeterde.

Bestandsaufnahme

Im eigenen Garten muss man in der Regel mit dem vorhandenen Boden vorliebnehmen. Die Mehrzahl der Kräuter wird einen eher sandigen, gut durchlässigen Boden einem schweren Boden mit hohem Tonanteil vorziehen, da Letzterer zum Verdichten und damit zu Staunässe neigt: Das Wasser läuft nur teilweise ab und die Pflanzen haben dauerhaft nasse Füße, was viele Arten gar nicht mögen. Schweren Boden erkennt man leicht – er klebt einem nach einem Regenguss wie frischer Zement an den Schuhen. Lässt sich die leicht feuchte Erde hingegen kaum zu einer Rolle formen und fällt leicht auseinander, handelt es sich um einen Boden mit hohem Sandanteil.

Bei Hochbeeten können Sie die Erdmischung optimal auf die jeweiligen Kräuter abstimmen.

KRÄUTERERDE SELBST MISCHEN

Anstatt Kräutererde fertig zu kaufen, kann man sie natürlich auch einfach selbst zusammenmixen.

* Einen Teil Gartenerde mit ein bis zwei Teilen Sand und einem Teil Kompost mischen. Das Verhältnis ist von der Bodenart abhängig. Bei schweren Böden sollte man tendenziell mehr Sand verwenden. Beim Kauf ausdrücklich nach »gewaschenem Sand« fragen, bei dem die Feinanteile bereits ausgespült wurden.
* Wer die Mischung als Aussaaterde verwenden möchte, kann es wie die Profis machen und das Substrat sterilisieren, um insbesondere Pilzkrankheiten vorzubeugen, deren Sporen durch Hitze abgetötet werden. Dazu das Substrat einfach für 30 Minuten bei 200 °C in den Backofen schieben.

Allrounder Kompost

Jetzt die gute Nachricht: Auch für schwere Böden finden sich geeignete Kräuter. Minze oder Baldrian etwa gedeihen optimal auf frischen bis feuchten Böden, die nur bei lang anhaltender Trockenheit beziehungsweise selbst dann nicht ganz austrocknen. Alternativ lassen sich schwere Böden verbessern, indem man reichlich Sand und Kompost einarbeitet. Kompost erweist sich in fast allen Fällen als Allheilmittel: Sehr sandiger Boden kann durch eingearbeiteten Kompost Wasser und Nährstoffe besser speichern und auch bereits gute Böden (worunter aus Gärtnersicht meist sandiger Lehm oder lehmiger Sand verstanden wird) profitieren von regelmäßigen Kompostgaben im Frühjahr, denn Kompost verbessert die Krümelstruktur, regt das Bodenleben an und liefert Nährstoffe nach. Als Substrat für die Topfkultur eignet sich reiner Kompost leider nicht, insbesondere nicht für die zahlreichen mediterranen Kräuter, die magere Böden gewohnt sind. Ein Zuviel an Nährsalzen würde den Wurzeln zu viel Feuchtigkeit entziehen und die Pflanzen vertrocknen lassen. Er kann jedoch als Beimischung dienen (siehe Kasten). Gut geeignet sind spezielle Kräuter- oder Anzuchterden. Grundsätzlich gilt beim Substratkauf: Nicht am falschen Ende sparen, hier lohnt sich die Investition in hochwertige Produkte, erkennbar am RAL-Gütezeichen.

Pflanzgefäße in Top(f)form

Kübel, Kästen, Kunststofftaschen und viele weitere Behältnisse warten nur darauf, mit köstlichen Kräutern bestückt zu werden. Also an die Schaufel, fertig, los!

Glücklich, wer einen Garten hat – nicht minder glücklich, wer einen Balkon sein Eigen nennt, schließlich gibt es gleich eine ganze Reihe dufter Bewerber, die auch in Pflanzgefäßen gut gedeihen. Besonders groß ist die Auswahl für die oft als schwierig geltenden Südbalkone, auf denen Sonne und Hitze viele Sommerblüher an ihre Grenzen stoßen lassen: Zahlreiche mediterrane Kräuter bringen eine ausgeprägte Hitze- und Trockenheitstoleranz mit.

Was dennoch allen Topfbewohnern gemein ist: Sie wachsen unter verschärften Bedingungen auf. Im Beet dürfen sie ihre Wurzeln auf der Suche nach ausreichend Halt und Nährstoffen ungehindert nach allen Seiten ausstrecken und können bei Trockenheit in der Tiefe nach verbliebenen Wasserreservoirs forschen und diese erschließen. Pflanzgefäße hingegen bieten noch weniger Ausweichmöglichkeiten als der Big-Brother-Container, entsprechend hoch liegt das Stressniveau der Teilnehmer.

Um solche Situationen zu entschärfen, wählen Sie robuste Individuen aus, die mit der Container-, Pardon, Kübelhaltung relativ gut klarkommen, und versüßen ihnen die Zwangslage durch eine optimale Wasser- und Nährstoffversorgung. Kompakt bleibende Kräuter sind für Pflanzgefäße besser geeignet als schnell- und hochwüchsige Arten.

Kräuter mit hohem Wasserbedarf benötigen tendenziell größere Pflanzgefäße, da die Erde in kleinen Behältnissen weniger Wasser speichern kann – was generell für größere Kübel spricht. Achtung bei schlanken hohen Pflanzgefäßen, sie sind oft sehr instabil, vor allem wenn sich im unteren Bereich ein Hohlraum befindet. Falls möglich, ein paar Steine hineinlegen, ehe Erde aufgefüllt wird, oder die Gefäße am Balkongitter anbinden.

Kräuter hängen gerne einfach mal ab. Je größer die Pflanztasche, desto besser.

Überlegungen vorab

Grundsätzlich sollten alle Pflanzgefäße über Wasserabzugslöcher im Boden verfügen, damit die Kräuter nicht wortwörtlich ins Schwimmen kommen. Bei Kunststoffgefäßen müssen die Löcher oft erst noch gebohrt werden – lästig, aber unverzichtbar! Lediglich wenn sich ein Dach genau über den Töpfen befindet, kann eine ein Fünftel bis ein Drittel der Topfhöhe starke Dränageschicht aus Kies oder Blähton eine Alternative sein. Ebenfalls wichtig: Die Gefäße sollten sich in der Sonne nicht zu stark aufheizen, was bei schwarzen oder sehr dünnwandigen Kunststofftöpfen schnell passieren kann. Diese sollten Sie daher mit Stoffbändern oder einer zurechtgeschnittenen Bastmatte ummanteln. Ansonsten sind Farbe und auch Materialwahl in erster Linie Geschmackssache. Die Bandbreite reicht von Balkonkästen, Hochbeeten und Pflanztaschen für die Hauswand über Möbelhaustaschen und Reissäcke bis zur ausrangierten Holzschublade oder einem Turm aus mit einer Stange verbundenen Tontöpfen. Ein Wort zum Ton: Er saugt Wasser aus der Erde und verdunstet das wertvolle Nass über die poröse Oberfläche, gerade bei kleineren Töpfen ist daher Kunststoff oft die bessere Wahl. Nicht frostfeste Keramik muss im Winter ins Haus geräumt werden, sonst steht man im Frühjahr womöglich vor einem Scherbenhaufen. Und schließlich ist für Nutzer von Balkonen und Dachterrassen das Gewicht der Pflanzgefäße samt Befüllung von Interesse. Nicht nur wegen des Hochschleppens, sondern vor allem im Hinblick auf die maximale Traglast.

Preiswerte Alternative zur Kräuteramphore: ein Reissack mit Schlitzen.

Wer freundlich nachfragt, bekommt Wein- oder Obstkisten oft sogar kostenlos.

Löschtrupp aktiv: Tipps zum Bewässern

Ohne Wasser geht nix im Garten, auf dem Balkon und der Terrasse. Zu viel Feuchtigkeit ist aber auch nicht sinnvoll, weder für den Rücken des Gießbeauftragten noch für die Pflanzen.

Wie oft und wie viel man gießen muss, hängt in erster Linie von der Kräuterart ab. Baldrian etwa ist ein durstiger Zeitgenosse, dessen Substrat nie ganz austrocknen sollte. Vielen mediterranen Kräutern hingegen reicht gelegentliches Nippen am Gänsewein völlig aus. Bei ihnen darf die Erde erst gut durchtrocknen, ehe wieder gegossen wird. Bei Pflanzen mit mittlerem Wasserbedarf wie Petersilie und Schnittlauch wässert man, wenn das Substrat bis in 3 cm Tiefe abgetrocknet ist. Zur Kontrolle einfach den Zeigefinger in die Erde stecken. Geradezu perfekte Bedingungen bietet eine Kräuterspirale (→ S. 116), da sie verschiedene Substratmischungen beinhaltet, die entsprechend unterschiedlich gut das Wasser speichern.

Der beste Zeitpunkt zum Wässern ist der frühe Morgen oder der späte Abend. Dann sind Luft und Boden noch nicht beziehungsweise nicht mehr so aufgeheizt wie mitten am Tag, wodurch das Wasser auch wirklich an den Pflanzenwurzeln ankommt, anstatt schon auf dem Weg dorthin zu verdunsten. Verwenden Sie – wenn möglich – Regenwasser. Leitungswasser schon ein paar Stunden vor dem Gießen in die Kannen zu füllen, damit sich »Kalk absetzen« kann, ist auf Dauer unrealistisch und zudem vergebliche Liebesmüh, da die wenigsten Stadtwässer im kalten Zustand Kalk abscheiden. Und den »Kälteschock« durch Wasser direkt aus der Leitung verkraften Pflanzen problemlos, wenn nicht gerade in der (ohnehin ungünstigen) Mittagshitze gegossen wird.

Geschlossene Gefäße müssen seltener gegossen werden, brauchen aber eine Dränage.

Gießhilfe gesucht

Die Nerven bewahren, das gilt vor allem beim Topfgärtnern in Südlage, denn die Erde trocknet gefühlt schneller aus, als man »es ist viel zu heiß« sagen kann. Im Sommer muss man oft sogar morgens und

Ist die Kanne schon halb leer, lassen sich höher stehende Pflanzen leichter gießen.

Mit Bewässerungshilfen kommen durstige Pflanzen gut übers Wochenende.

abends mit der Gießkanne ausrücken. Die Faustregel für die Wassermenge lautet: Bringen Sie etwa ein Fünftel des Topfvolumens aus. Spätestens wenn die Stirn vom vielen Kannenschleppen nasser ist als die gegossene Erde, sollte man über Arbeitserleichterungen nachdenken. Etwa über einen Gartenschlauchadapter für Indoorwasserhähne. Oder über Gefäße mit integriertem Wasserspeicher. Das Reservoir wird meist über einen separaten Gießstutzen befüllt. Optimal funktionieren die Systeme oft erst, wenn die Pflanzen richtig eingewurzelt sind. Kontrollieren Sie die Substratfeuchte daher in den ersten Wochen nach dem Bepflanzen regelmäßig und wässern Sie gegebenenfalls zusätzlich direkt die Erde. Auch normale

Kunststoffgefäße können Sie aufrüsten, indem Sie eine Dränageschicht aus Kies oder Blähton einfüllen und erst oberhalb dieser Schicht Wasserabzugslöcher in die Gefäßwand bohren. Ein wasserdurchlässiges Vlies trennt die Dränage von der Erdschicht. Weitere bewährte Helfer: Wasserspeichermatten, die passend zum Gefäß zurechtgeschnitten und auf den Boden gelegt werden. Wasserspeichergranulat, das einfach in die Blumenerde gemischt wird, etwa die von Pflanztaschen. Und natürlich die Deluxe-Variante: eine automatische Bewässerung, bei der sich die Uhrzeit und die auszubringende Wassermenge einstellen lassen oder sogar automatisch die Erdfeuchte gemessen und nach Bedarf gewässert wird.

Grundausstattung für Kräutergärtner

Schaufeln gezückt, Gießkannen bereitgestellt – es kann losgehen! Was man als Kräuterflüsterer wirklich braucht und wie man sich gegebenenfalls auch anderweitig behelfen kann.

> Eisstiele aus Holz lassen sich prima beschriften. Also nach dem Schlecken nicht wegwerfen, sondern abspülen, trocknen und als nachhaltige Pflanzetiketten verwenden.

Es gibt nur wenige Gartengeräte, die unersetzlich sind. Dazu zählt zuallererst eine gute Gartenschere und/oder Haushaltsschere. Während Letztere für alle besonders »frisch« aussehenden Kräuter mit eher dünnen Trieben perfekt ist, beispielsweise für Schnittlauch, Petersilie und Basilikum, knipst die Gartenschere auch dickere oder bereits verholzte Triebe spielend leicht ab. Für Kräutergärtner ist eine sogenannte

Mitunter sind nicht nur die Kräuter sehr dekorativ, sondern auch die Gärtner.

Bypass-Schere am besten geeignet, bei der ähnlich wie bei der Haushaltsschere zwei Klingen aneinander vorbeigleiten.

Auch Gartenhandschuhe sind eine nützliche Sache, so man denn gerne »angezogen« gärtnert. Die Gewöhnung daran lohnt sich, da man dann eher schnell zwischendurch etwas erledigt und hinterher nicht zwingend auf die Nagelbürste angewiesen ist.

Nahezu alle anderen Gartengeräte sind ersetzbar: Die meisten Kräuter sind so kompakt, dass man sie ohne Spaten in die und aus der Erde bringen kann. Töpfe lassen sich problemlos mit den Händen befüllen. Für die Vor- und die Topfkultur kann man sich mit Küchenutensilien behelfen: Anstelle eines Pikierholzes kommen Asia-Stäbchen zum Einsatz, eine Gabel lockert die Erde im Pflanzkübel, anstelle von Puderzucker wird Erde durch das Sieb gekippt, damit sie schön fein ist. Alte Zeitungen verhindern, dass später gekehrt werden muss. Eine Gießkanne gehört zur Standardausrüstung für Gärtner und erleichtert auch Balkon- und Zimmergärtnern die Arbeit, wenngleich eine leere Wasserflasche oder ein Messbecher es natürlich auch tun würden. Die Sprühflasche für die Jungpflanzenanzucht lässt sich ebenfalls wunderbar ersetzen, einem gut ausgespülten Pumpzerstäuber der befreundeten Beauty Queen sei Dank.

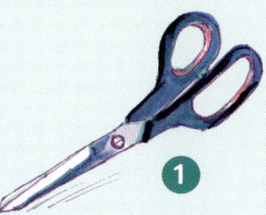

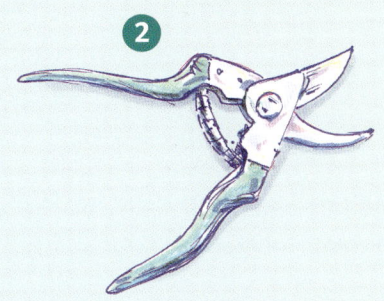

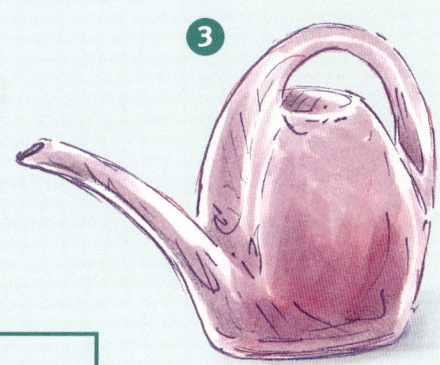

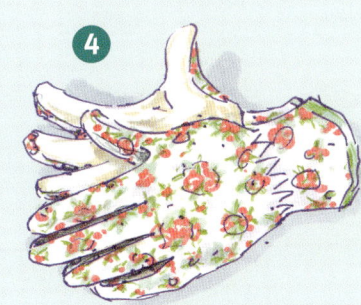

1. Haushaltsschere Schnipp, schnapp, Schnittlauch ab. Und nach dem Waschen wird das Erntegut in der Küche auch gleich klein geschnippelt – mit nix geht's schneller.

2. Gartenschere Für alle Schnittarbeiten, die dickere oder verholzte Triebe betreffen.

3. Gießkanne Wasser marsch, auf grüne Zeiten!

4. Handschuhe Anfangs extrem nervig, weil sie das Feingefühl empfindlich stören; später mit etwas Gewöhnung aber doch gerne genutzt. Die passende Größe trägt zum Wohlgefühl entscheidend bei!

5. Schäufelchen Ungeeignet, um einen Baum zu pflanzen, aber perfekt für kleinere Erdarbeiten.

6. Aussaatschalen Alternativ lassen sich auch leere Eispackungen, Eierkartons, Joghurtbecher oder Konservendosen verwenden.

7. Sieb Sorgt für eine dünne Erdschicht.

8. Korb Ablageplatz für kleinere Gartengeräte und natürlich für frisch geschnittene Kräuter.

9. Pikierholz Befördert Sämlinge mit intakten Wurzeln in den Pflanzenkindergarten.

10. Pflanzunterlage Für alle nicht ganz krümelfreien Aussaat-, Pflanz- oder Umpflanzaktionen.

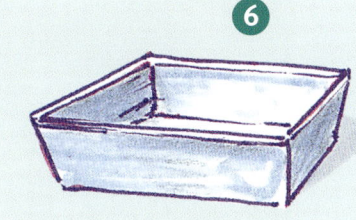

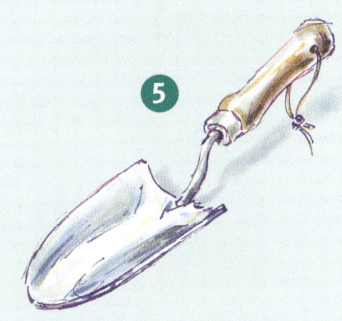

Pflanzen-Doc

Auch Ärzte werden mal krank: Kräuter können viel zur Gesundheit von Menschen und Pflanzen beitragen, ab und an aber auch selbst einmal unter einem Zipperlein leiden.

Kräuter halten nicht nur Gemüse- und Zierpflanzen viele Schaderreger vom Hals, sondern auch sich selbst. Das gilt besonders für die mediterranen Kräuter, die zum Verholzen neigen. Saftig frisches Basilikum, Minze oder Dill werden tendenziell schon eher von Blattläusen, Spinnmilben oder Raupen befallen. Der beste Schutz sind optimale Standortbedingungen, denn gut entwickelte Pflanzen besitzen eine festere Außenhaut und können sich besser regenerieren. Welche die häufigsten Kräuterplagen sind und wie Sie ihnen erfolgreich begegnen, erfahren Sie auf den nun folgenden Seiten.

Hygienische Anzuchtbedingungen schützen die Sämlinge vor Umfallkrankheiten.

Umfallkrankheiten

Gleich eine ganze Reihe pilzlicher Erreger kommt als Verursacher infrage, wenn Kräutersämlinge umgekippt und vertrocknet daliegen. Ihnen allen kann man auf die gleiche Art und Weise vorbeugen, und zwar durch gute und vor allem hygienische Anzuchtbedingungen. Das bedeutet im Idealfall:

* Aussaaterde sterilisieren (→ S. 13).
* Für die Anzucht saubere Kunststoffgefäße einsetzen.
* Frisches, qualitativ hochwertiges Saatgut verwenden.
* Eher mit etwas mehr als mit zu wenig Abstand säen und pflanzen, dichter Stand begünstigt Pilzkrankheiten enorm.
* Sämlinge tatsächlich besser mit lauwarmem Wasser gießen (→ S. 16).
* Erde vor dem erneuten Gießen erst oberflächlich abtrocknen lassen.
* Anzuchtgefäße bei früher Aussaat auf dem Fensterbrett auf Styropor stellen, um »kalte Füße« zu vermeiden.

Bei der robusten Indianernesselsorte 'Squaw' hat es Echter Mehltau schwer.

Mit Echtem Mehltau befallene Pflanzenteile (hier an Salbei) einfach abschneiden.

Zusätzlich können Sie Saatgut vor der Aussaat 30 Minuten lang mit 50 °C heißem Wasser behandeln, um Erreger abzutöten. Dann vorsichtshalber die doppelte Menge aussäen, da die Keimfähigkeit leiden kann.

Mehltaupilze

Echte Mehltaupilze lieben trockenes Sommerwetter mit nächtlicher Taubildung und fallen durch einen mehligen, leicht abwischbaren Belag an den Blattoberseiten auf. In feuchtkühlen Sommern hat man vor Echten Mehltaupilzen Ruhe, dafür fühlen sich die Falschen Mehltaupilze pudelwohl. Ihr Charakteristikum: ein weißgrauer, nur schwer bis überhaupt nicht abwischbarer Belag auf den Blattunterseiten. Die gute Nachricht: Es gibt zwar eine Vielzahl an Mehltauerregern, sie sind aber jeweils auf bestimmte Pflanzenarten spezialisiert, sodass die Ansteckungsgefahr zwischen verschiedenen Kräuterarten sehr begrenzt ist.

Von Echtem Mehltau sind vor allem Baldrian, Indianernesseln, Königskerze, Oregano, Petersilie, Pfefferminze, Rosmarin, Salbei und Zitronenmelisse häufiger betroffen, von Falschem Mehltau Basilikum, Borretsch, Petersilie, Rauke und Zwiebeln.

Was sich immer lohnt: Halten Sie bei der Sortenwahl Ausschau nach Sorten mit sogenannten Resistenzen, also einer hohen

Auch 15 Minuten in lauwarmem Kamillentee machen an Samen haftenden Pilzsporen den Garaus. Zusätzlich können Sie später die Sämlinge auch mit dem Tee gießen.

Info

Effektiv und umweltfreundlich geht es mit Rost befallenen Pflanzenteilen mit der Schere an den Kragen. Hilft zuverlässig, auch gegen Blattläuse.

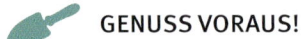

Widerstandskraft gegen bestimmte Schaderreger. Grundsätzlich gilt in Sachen Vorbeugung: Die Pflanzen sollten nicht zu dicht und gerne luftig stehen, nicht über Kopf, sondern direkt in den Wurzelbereich gegossen werden (bei Töpfen idealerweise über den Untersetzer) und möglichst nicht über Jahre hinweg am selben Platz angebaut werden. Wissenschaftler konnten nachweisen, dass Spritzungen mit Schachtelhalmextrakt eine vorbeugende Wirkung gegen Echte und Falsche Mehltaupilze haben. Bei bereits vorhandenem Befall kann eine Behandlung die weitere Ausbreitung stoppen. Bei wem das Kraut nicht im Garten wächst: Pulver zum Selbstanrühren sowie anwendungsfertigen Extrakt gibt es im Fachhandel zu kaufen.

Rostpilze

Auf einen Befall mit Rostpilzen weisen gelbe Flecken auf den Blattober- und rostfarbene Pünktchen auf den Unterseiten hin – Letztere sind die Sporenlager, über die sich die Pilze vermehren. Bei den Kräutern ist vor allem der Pfefferminzrost von Bedeutung, der auch Majoran, Oregano, Kamille und Ringelblumen befallen kann. Mit widerstandsfähigen Sorten wie der Pfefferminze 'Multimentha' oder dem Schnittlauch 'Marlau' ist man gut gewappnet. Zusätzlich gelten die gleichen vorbeugenden Tipps wie auch bei den Mehltaupilzen. Ein wissenschaftlicher Beleg für die vorbeugende Wirkung von Schachtelhalm fehlt bei Rost, viele Gärtner berichten jedoch von guten Erfolgen.

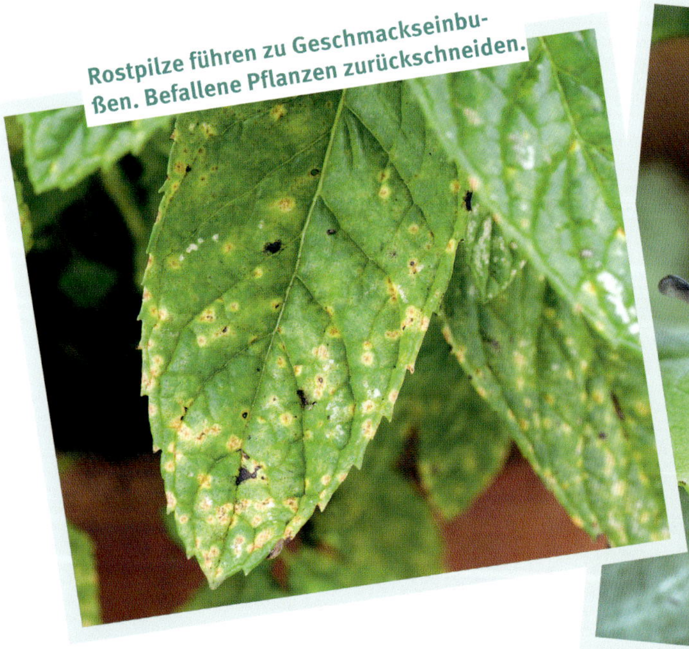

Rostpilze führen zu Geschmackseinbußen. Befallene Pflanzen zurückschneiden.

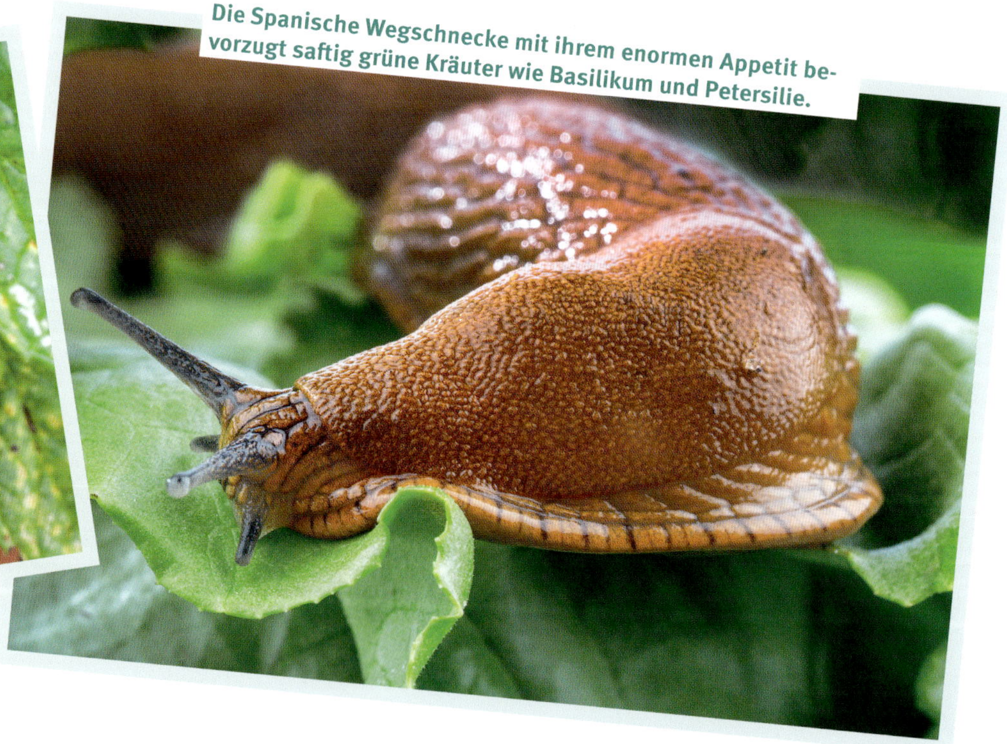

Die Spanische Wegschnecke mit ihrem enormen Appetit bevorzugt saftig grüne Kräuter wie Basilikum und Petersilie.

Schnell gemacht

SCHNECKENKRAGEN:

Einzelne Pflanzen kann man mit Kragen aus Kunststoff schützen oder mit selbst gebastelten aus Schmirgelpapier. Sie brauchen dazu: Schmirgelpapier in möglichst grober Körnung und eine Schere.

* Aus dem Schmirgelpapier runde Scheiben ausschneiden. Die Größe orientiert sich an der Pflanze, grundsätzlich lieber etwas großzügiger sein.
* Mit der Schere einmal bis zur Scheibenmitte einschneiden. Für eine optimale Passform die Scheibenmitte mit einem kurzen weiteren Schnitt versehen, sodass ein Kreuz entsteht.
* Den Kragen ganz einfach um die Pflanze legen, die geschützt werden soll. Prima Lösung, wenn's schnell gehen muss.

Nacktschnecken

Im Kräuterbeet sind sie deutlich seltener anzutreffen als im übrigen Garten. Die ätherischen Öle und die oft festen oder behaarten Blätter behagen den Kriechern nicht. Saftiges Basilikum oder Petersiliensämlinge werden von gierigen Schleimern aber als Bereicherung der Speisekarte wahrgenommen. Ein Schneckenzaun ist das sicherste Mittel, um die Einwanderung ins Beet großflächig zu unterbinden. Bereits im Boden lebende Schnecken innerhalb des Zauns kann man bei ihrer Vorliebe für Bier packen. Dazu gräbt man Kunststoffbecher so tief in den Boden ein, dass der Rand ein bis zwei Fingerbreit herausschaut, und befüllt sie zur Hälfte mit Bier. Schnecken, die in diese überaus wohlriechende Falle gehen, streben direkt zur (Bier-)Seligkeit.

In naturnahen Gärten finden sich rasch Vögel, Igel, Kröten und Eidechsen als Helfer ein. Aus Gärtnersicht sind aber auch Nematoden der Art *Phasmarhabditis hermaphrodita* eine feine Sache. Diese winzigen, für Menschen und Haustiere ungefährlichen Fadenwürmer machen Jagd auf einige im Boden lebende Schneckenarten. Die geschützte Weinbergschnecke und andere Gehäuseschnecken werden geschont. Die Nematoden kann man bestellen. Sie werden meist in Tonmehl als Trägermaterial geliefert, in lauwarmes Wasser eingerührt und per Gießkanne auf dem bereits leicht feuchten Beet verteilt. Nur vereinzelt auftretende Schadschnecken lassen sich mithilfe gezielt ausgelegter Bretter gut absammeln: Die Schnecken verkriechen sich unter dem Versteck und werden dort eingesammelt. Dann folgt meist das Gemetzel per Schere, Messer oder heißem Wasser. Etwas weniger grausam ist das Einfrieren in Kunststoffbeuteln; anschließend kommt die Tiefkühlware in die Biotonne.

Über die Berechtigung von Schneckenkorn lässt sich streiten. Grundsätzlich sollte man bedenken, dass nur einige wenige Nacktschneckenarten für die Schäden im Garten verantwortlich sind, die Fraßköder aber gegen alle Schneckenarten wirken, auch gegen die unter Naturschutz stehende Weinbergschnecke. Liegen die Gärtnernerven vollkommen blank, sollten Sie zumindest Schneckenkorn auf Basis des relativ umweltfreundlichen Eisen-III-Phosphats verwenden. Dieses bewirkt zudem einen besonders schnellen Fraßstopp.

Info

Pflanzenstärkungsmittel (→ S. 48) festigen die Außenhaut der Kräuter und machen insbesondere saugenden Schädlingen das Leben schwer.

Blattläuse

Kein Garten ohne Blattläuse – gut so, sonst hätten Marienkäfer, Florfliegen und zahlreiche andere Nützlinge ein Problem. Größere Schäden richten die Pflanzensaftsauger vor allem an Kübelpflanzen an.
Umweltfreundliche Gegenmaßnahmen: Die Blattläuse abstreifen, mit hartem Wasserstrahl abspritzen, befallene Triebspitzen abschneiden. Nur im Notfall Produkte auf Rapsöl- oder Kaliseifen-Basis spritzen. Diese Wirkstoffe sind recht umweltverträglich.

Spinnmilben

Die mit dem Auge kaum sichtbaren Tierchen stechen Pflanzenzellen an. Bleichen Blätter aus und fallen ab, ohne vorher zu vertrocknen, ist das ein Alarmsignal. Bei Wärme und Trockenheit feiern Spinnmilben wahre Orgien. Regelmäßiges Gießen und Überbrausen sowie eine erhöhte Luftfeuchte schaffen Abhilfe. Topfpflanzen kann man noch nass in eine durchsichtige Plastiktüte stecken und mehrere Tage in den Halbschatten stellen. Notfalls helfen milde Pflanzenschutzmittel auf Basis von Rapsöl oder Kaliseife.

Kohlerdflöhe

Die winzigen, aber sprungstarken Käfer durchlöchern die Blätter von Borretsch,

Blattläuse sitzen gern an Triebspitzen, in Blattachseln und an Blattunterseiten.

Gartenkresse, Kapuzinerkresse, Pfefferminze und Rauke, richten aber vor allem bei Jungpflanzen gelegentlich größeren Schaden an. Abhilfe schaffen Sie durch Vorkultur auf der Fensterbank sowie durch regelmäßiges Gießen und Hacken.

Wurzelnematoden

Zeigen Dill, Kamille, Petersilie, Pfefferminze oder Schafgarbe Wachstumsstörungen, gelbe oder verformte Blätter oder welken sie, lohnt ein Blick auf die Wurzeln. Missbildungen wie »Bartwuchs« (erkennt man sofort) weisen auf Wurzelnematoden hin. Vorbeugend die Kräuter nicht viele Jahre am selben Platz anbauen und Studentenblumen (*Tagetes patula* 'Single Gold', *Tagetes erecta*) aussäen. Ihre Wurzelabsonderungen enthalten für die Nematoden giftige Substanzen.

Wühlmäuse

Die Liebhaber zarter Wurzeln lassen sich durch Gerüche, Ultraschallgeräte oder Lärm nicht sicher vertreiben. Zuverlässiger wirken eine Katze, unverzinktes Sechseckgeflecht mit 13 mm Maschenweite (Drahtstärke 0,7 mm) um die Pflanzenballen oder Schlagfallen. Von Lebendfallen sollte man die Finger lassen. Kontrolliert man nicht alle drei Stunden, sterben die Mäuse einen grausamen Tod durch Stress, Kälte, Wasser- oder Futtermangel. Achtung: Maulwürfe dürfen nicht bekämpft werden! Machen Sie die Probe und öffnen Sie einen Gang: Ein Wühlausgang ist spätestens nach sechs Stunden wieder zu, ein Maulwurfsgang nicht.

Die gefräßigen Wühlmäuse haben unter Gärtnern nur wenige Freunde.

Studentenblumen (Tagetes) sehen hübsch aus und vertreiben Wurzelnematoden.

FRÜHLING

BÜHNE FREI FÜR DIE FRÜHAUFSTEHER UNTER DEN KRÄUTERN! ZEITGLEICH MIT DER **LUST AUF SONNE** UND DIE ERWACHENDE NATUR WACHSEN IM GRÜNEN **KINDERGARTEN** DIE KRÄUTERJUNGPFLANZEN HERAN. WER VERKLÄRTEN BLICKS MIT SAMENTÜTEN IN RICHTUNG GARTEN STREBT, IST EINDEUTIG DER **KRÄUTERSUCHT** ERLEGEN. OBACHT, ANSTECKUNGSGEFAHR!

Aussaat: Ganz schön kultiviert!

Juchhu, es ist so weit, die Samentütchen dürfen gezückt und geöffnet werden. Danach wechseln sich Vorfreude und Ungeduld ab: Wann zeigen sich wohl die ersten Sämlinge?

Vorfreude ist bekanntlich die schönste Freude – aber irgendwann ist es auch mal gut damit! Nach einem elend langen Winter rufen schon die ersten zarten Sonnenstrahlen ein kaum zu ignorierendes Kribbeln in den Fingerspitzen der Gärtner hervor. Und sind da nicht bereits leise Stimmchen aus der Box mit den Samentütchen zu hören? »Sä' uns aus, sä' uns aus, wir haben lange genug geschlafen …«
Dem Warten gegenüber haben die meisten Gärtner ein ziemlich zwiespältiges Ver-

hältnis: Auf der einen Seite gehört es im ausgehenden Winter und Frühling einfach dazu und steigert den Spaß auf das, was da kommen wird. Auf der anderen ist das Geduldsspiel manchmal kaum mehr auszuhalten. Insbesondere im zeitigen Frühjahr sollte man aber dennoch versuchen, dem Verlangen nach lustvollem In-der-Erde-Wühlen und Samenverteilen nicht allzu bald nachzugeben. Da die wenigsten Garteneinsteiger glückliche Besitzer eines Gewächshauses sind, beschränkt sich die Vorkultur auf die Fensterbank. Dort ist es aber, selbst wenn das Fenster nach Süden ausgerichtet ist, im Januar und Februar oft noch zu dunkel für die lichthungrigen Sämlinge. In der Folge recken und strecken sie sich, um möglichst nah an die Lichtquelle zu kommen, und bilden auffällig lange, dünne und weiche Triebe, aus denen schwache Pflänzchen mit geringer Standkraft, aber hoher Anfälligkeit für Schädlinge und Krankheiten hervorgehen. Da ist es besser, sich bis Anfang März zu gedulden und nur für Arten wie die Chili eine Ausnahme zu machen, die sehr früh starten müssen, um in der vergleichsweise kurzen Saison überhaupt zur Fruchtreife zu gelangen. Auch Samen mit recht langer Keimzeit wie die des Salzkrauts (→ S. 119) dürfen bereits im Februar in die Aussaattöpfchen und -schalen ausgebracht werden.

Ein Zimmergewächshaus begünstigt das Wachstum durch eine hohe Luftfeuchte im Inneren.

Selbst geerntete Samen sollte man am besten gleich im nächsten Frühjahr verwenden.

In der Aussaatschale ging es noch eng zu, später vereinzelt man die Sämlinge.

Licht und Dunkel

Für gute Keimraten verwendet man am besten möglichst frisches Saatgut. Das auf der Falz der Samentütchen aufgedruckte Haltbarkeitsdatum ist eine nützliche Info, denn manche Samen verlieren ihre Keimfähigkeit sehr schnell, vor allem wenn das Päckchen einmal geöffnet ist.

Frische Samen möchten manchmal ebenfalls partout nicht keimen. Eine Ursache dafür kann sein, dass es sich bei der Pflanzenart um einen sogenannten Kaltkeimer handelt (→ S. 37). Ein anderer möglicher Grund: Die Samen wurden zu tief oder zu flach ausgesät. Es gibt unter den Pflanzen nämlich Lichtkeimer und Dunkelkeimer. Während Dunkelkeimer in zwei- bis dreifacher Sa-

mendicke mit Erde bedeckt werden müssen, um zu keimen, benötigen die sogenannten Lichtkeimer die volle Ladung Strahlung oder maximal das angenehm diffuse Licht, das unter einer hauchdünnen Substratschicht ankommt. Lichtkeimer werden daher nach dem Aussäen nur leicht angedrückt, höchstens noch gefühlvoll mit ein wenig Erde übersiebt oder zart eingeharkt – was einer Tiefe von maximal 0,5 cm entspricht.

Falls die Saattiefe nicht ohnehin auf der Saatgutpackung angegeben und auch sonst gerade keine Informationsmöglichkeit zur Hand ist, kann man sich in den meisten Fällen an der Samenstärke orientieren: Bedecken Sie das Saatgut so hoch mit Erde, wie der Samen dick ist.

Schritt für Schritt: Aussaat am Fenster

Endlich kann es losgehen! Hier gibt es noch ein paar Tipps und Tricks, damit bei der Aussaat wirklich alles klappt. Das erforderliche Zubehör stellen wir Ihnen auch gleich vor.

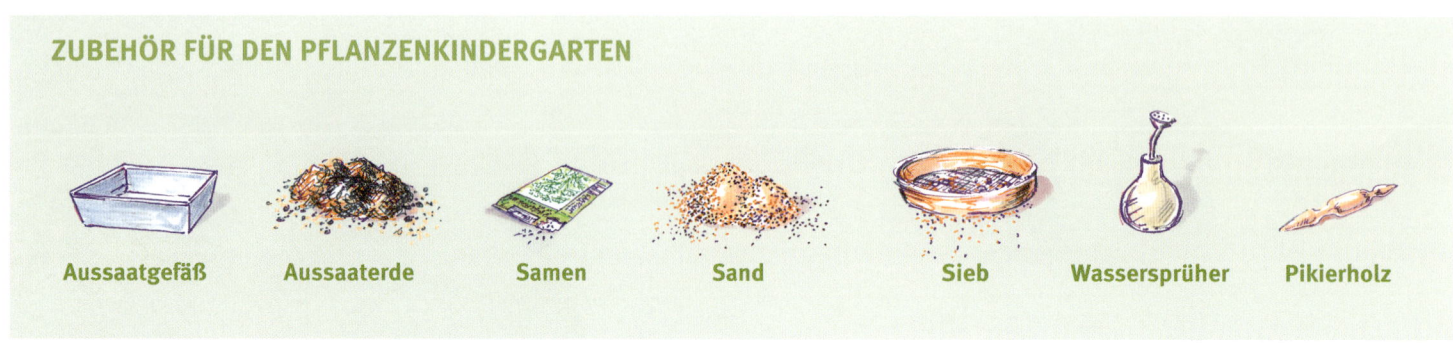

ZUBEHÖR FÜR DEN PFLANZENKINDERGARTEN

Aussaatgefäß — Aussaaterde — Samen — Sand — Sieb — Wassersprüher — Pikierholz

> Zuerst verteile ich die Samen auf der Kräutererde. Nicht über die weißen Flöckchen im Substrat wundern, sie verbessern die Durchlüftung.

1

Praktisch für gröbere Samen sind Anzuchttöpfchen, die später mit in die Erde kommen und sich zersetzen, zum Beispiel aus Zeitungspapier. Dazu 8 cm breite zweilagige Streifen in ausreichender Länge fest um ein Glas wickeln. Dann Glas ein Stück herausziehen und den Überstand über den Glasboden falten. Glas entfernen und Papier am oberen Rand ein Stück einschlagen. Sehr feine Samen werden breitwürfig in eine Aussaatschale gesät. Für eine gleichmäßigere Verteilung die Samen vorher mit Sand vermischen. Später werden die Sämlinge dann vereinzelt: Die stärksten ziehen in größere Töpfe um, wo sie ihre Wurzeln richtig ausstrecken dürfen. Dieses »Pikieren« erfolgt, sobald sich nach den beiden Keimblättern das erste »echte« Paar Laubblätter zeigt. Wenn Sie allzu dicht ausgesät haben, können Sie schon vor dem Vereinzeln einige schwächere Exemplare vorsichtig mit den Fingern aus der Erde zupfen.

Ein Sieb braucht man nicht zwangsläufig, es erleichtert aber eine gleichmäßige Verteilung der Erde und ist perfekt, wenn nur eine dünne Schicht gefragt ist. Anschließend die Erde noch leicht andrücken.

2

Nun muss die Erde noch angefeuchtet werden, am besten klappt das mit einem Wassersprüher. Weil eine hohe Luftfeuchte die Keimung erleichtert und ich seltener gießen muss, spanne ich anschließend gerne Klarsichtfolie über die Schalen.

3

Die Sämlinge haben sich prima entwickelt, jetzt kann ich sie in größere Gefäße umsetzen. Damit beim Transport nix reißt, stütze ich den Wurzelballen mit einem Pikierholz - oder mit'nem Stift oder was ich sonst grad zwischen die Finger kriege.

4

5

Das Pikierholz benutze ich auch als Bohrer für die Pflanzlöcher und als Einparkhilfe für den Wurzelballen. Dann noch vorsichtig andrücken und angießen … geschafft!

Das Starterset

Rosmarin
Rosmarinus officinalis

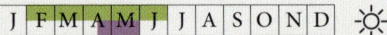 ☼

Saattiefe: 0,5 cm | Pflanzabstand: 30 x 50 cm

Wuchs: Aufrecht-buschiger bis kriechend-überhängender mehrjähriger Halbstrauch. Wird je nach Sorte 20–150 cm hoch und 50–120 cm breit.
Pflege: Kräutererde, wenig gießen. Regelmäßiger Rückschnitt sorgt für kompakten Wuchs. Leicht über Stecklinge vermehrbar. Direktsaat ab Mai. Bei Jungpflanzen, kriechenden Sorten und in rauen Lagen ist Winterschutz sinnvoll. 'Salem' ist besonders winterhart.
Verwendung: Triebspitzen dienen als Küchengewürz und für Naturkosmetik.

Salbei
Salvia officinalis

 ☼

Saattiefe: 1,5 cm | Pflanzabstand: 30 x 30 cm

Wuchs: Je nach Sorte 20–100 cm hoch und 30–60 cm breit. Die aromatischen Blätter der mehrjährigen aufrecht-buschigen Pflanze sind bei 'Tricolor', 'Purpurascens' und 'Icterina' mehrfarbig. Blüten in Weiß, Rosa oder Violett.
Pflege: Kräutererde, mittlerer Wasserbedarf. Regelmäßig zurückschneiden. Winterschutz in rauen Lagen. Leicht über Stecklinge vermehrbar, alternativ ab März im Haus aussäen, ab Mai können Sämlinge ins Freiland wandern.
Verwendung: Blätter dienen als Küchengewürz, Teekraut und für Naturkosmetik.

Thymian
Thymus vulgaris

 ☼

Saattiefe: 0,5 cm | Pflanzabstand: 20 x 20 cm

Wuchs: Echter Thymian wird 20–40 cm hoch und breit, wächst kompakt-buschig mit Blüten in Hellrosa bis Violett. Für Töpfe eignet sich 'Compactus' prima. Zitronen-Thymiane wie 'Silver Queen' und 'Aureus' halten sogar gelegentliches Betreten aus. Viele attraktive Arten!
Pflege: Kräutererde, wenig gießen. Vermehrung über Stecklinge oder Absenker. Direktsaat ins Freiland ab April.
Verwendung: Die nadelartigen Blätter verwendet man als Küchengewürz und Teekraut, daneben für Naturkosmetik.

■ = Voranzucht und Aussaat   ■ = Blütezeit   ☼ Sonne   ☀ Halbschatten   ● Schatten

Schnittlauch
Allium schoenoprasum

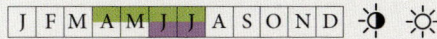 ◐ ☀

Saattiefe: 1 cm | Pflanzabstand: 25 x 25 cm

Wuchs: Die einzelnen Pflanzen bilden kompakte kleine Horste und bei dichter Saat entsprechend große Tuffs oder dichte Reihen. Die 15–50 cm hohen Pflanzen sind mehrjährig, ihre hübschen Blüten weiß bis leuchtend violett.
Pflege: In Reihen mit Horsten à 25 Samen säen. Regelmäßig gießen und düngen. Häufig schneiden – 2 cm über dem Boden. Alle drei Jahre teilen. Eignet sich für die Treiberei im Winter (→ S. 94).
Verwendung: Küchengewürz. Die Blüten eignen sich als Deko, vor allem die Sorte 'Sterile', die keine Samen bildet.

Petersilie
Petroselinum crispum

 ● ◐ ☀

Saattiefe: 0,5 cm | Pflanzabstand: 0,5 x 15 cm

Wuchs: Ihre Blattrosetten werden bis zu 25–35 cm hoch und breit, die glattblättrigen Sorten bis zu 90 cm hoch.
Pflege: Die zweijährige Pflanze ist unverträglich mit sich selbst, daher nach zwei Jahren an anderer Stelle neu aussäen. Optimal ist der Juli, oft vergehen vier Wochen bis zur Keimung. Die Blätter kann man fortlaufend ernten, die Herzblätter bleiben für den Neuaustrieb stehen. Regelmäßig gießen und düngen. Eignet sich für die Treiberei im Winter (→ S. 94).
Verwendung: Gern eingesetzt als Gewürz und für Naturkosmetik.

Basilikum
Ocimum basilicum

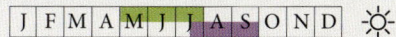 ☀

Saattiefe: 0 cm | Pflanzabstand: 25 x 25 cm

Wuchs: Bekannt sind vor allem die einjährigen, 30–60 cm hohen Formen, etwa die samenfeste Sorte 'Genoveser'. Es gibt aber auch viele mehrjährige Arten wie das rot-grüne, bis zu 100 cm hohe Strauch-Basilikum 'African Blue'. Es kann bei 15 °C hell überwintert werden.
Pflege: Dicht säen – im Haus ganzjährig. Samen andrücken. Regelmäßig gießen und düngen. Häufiger Schnitt ab einer Höhe von 15 cm (jeweils kurz über einem Blattpaar) regt die Verzweigung an.
Verwendung: Vorwiegend als Küchenkraut; der Duft hält zudem Mücken fern.

Auf ein vitaminreiches Frühjahr!

Der Frühling ist da, und mit ihm junges Grün und knackige Kräuter, aus denen sich die herrlichsten Gerichte zaubern lassen. Echt lecker und perfekte Muntermacher nach der kalten Jahreszeit.

GÄNSEBLÜMCHENSALAT

mit Brennnessel-Käse-Nocken

Für 2 Personen | Zubereitung: 30 Min.

Zutaten: 50 g junge, frische Brennnesseln * Salz * 80 g frischer Schafskäse (z. B. Manouri) * 150 g Schichtkäse oder ausgedrückter Magerquark * ½ TL pflanzliches Bindemittel (z. B. Guarkernmehl) * schwarzer Pfeffer * 1 kleine Knoblauchzehe * 100 g junge Gänseblümchenpflanzen mit Knospen * 100 g Kirschtomaten * 4 EL Orangensaft * ½ TL flüssiger Honig * 2 EL Walnussöl * 1 Schalotte * 1 EL Walnusskerne

1. Die Brennnesseln waschen, trocken schütteln, die Blätter abzupfen (dabei Gummihandschuhe tragen!) und in kochendem Salzwasser einmal aufkochen. In ein Sieb abgießen, abschrecken und abtropfen lassen. Blätter anschließend nochmals ausdrücken und fein hacken.
2. Den Schafskäse fein zerdrücken. Mit Schichtkäse oder Magerquark, gehackten Brennnesseln, Bindemittel, Salz und Pfeffer verrühren. Knoblauch schälen und dazupressen. Die Masse kalt stellen.
3. Die Gänseblümchenpflanzen gründlich unter kaltem Wasser waschen, trocken schleudern und putzen, dabei die Wurzeln abschneiden, die Pflanzen aber nicht zerteilen. Die Kirschtomaten abbrausen, trocken tupfen und halbieren.
4. Für das Dressing den Orangensaft, Honig, Salz und Pfeffer miteinander verrühren, das Walnussöl unterschlagen. Die Schalotte schälen, fein würfeln und darunterheben. Die Gänseblümchen und die Tomaten mit der Schalotten-Vinaigrette mischen. Auf zwei Tellern anrichten und aus der Käsemasse mit zwei nassen Teelöffeln Nocken formen, diese auf den Salat setzen. Die Nüsse hacken und obendrauf streuen.

ZITRONEN-KERBEL-PENNE MIT SPARGEL

Für 2 Personen | Zubereitung: 30 Min.

Zutaten: 350 g grüner Spargel * 200 g Kirschtomaten * 3 Frühlingszwiebeln * 1 Knoblauchzehe * 50 g Kerbel * ½ Bio-Zitrone * 2 EL Olivenöl * 1 TL Butter * 1 TL Honig * Salz * schwarzer Pfeffer * 125 ml Gemüsebrühe * 125 g Penne-Nudeln * 2 EL gehobelter Parmesan (ersatzweise Grana Padano)

1. Spargel putzen, Stangen schräg in Stücke schneiden. Kirschtomaten waschen und halbieren. Frühlingszwiebeln putzen, in Ringe schneiden. Knoblauch schälen und fein würfeln. Kerbel abbrausen und fein hacken. Gewaschene Zitrone fein abreiben, 1–2 EL Zitronensaft auspressen.
2. Öl und Butter in einer Pfanne erhitzen, Spargel bei starker Hitze 3 Min. unter Wenden anbraten. Frühlingszwie-beln und Knoblauch dazugeben, weitere 2 Min. mitbraten. Gemüse mit Honig, Salz und Pfeffer würzen. Brühe dazugie-ßen, alles 2 Min. bei mittlerer Hitze dünsten.
3. Inzwischen Nudeln in Salzwasser bissfest garen und abgießen. Nudeln und Tomaten zum Spargel geben, mit Zit-ronenschale und -saft würzen. Kerbel untermengen, salzen und pfeffern. Nudeln mit Parmesan und Kerbel bestreuen.

KRÄUTERSUPPE MIT GÄNSEBLÜMCHEN

Für 2 Personen | Zubereitung: 35 Min.

Zutaten: 2 Scheiben Vollkorntoast * 1 TL Butter * Salz * 100 g junge Kräuter (z. B. Brennnesseln, Brunnenkresse, Kerbel, Schafgarbe, Sauerampfer) * 1 kleine Handvoll Gänseblümchen * 2 Schalotten * 1 EL Rapsöl * 1 ½ EL Dinkelvollkornmehl * 400 ml Gemüsefond (Glas) * 100 ml Sojasahne * schwarzer Pfeffer * frisch geriebene Muskatnuss * 1–2 TL Zitronensaft

1. Toastbrot klein würfeln, mit der Butter in einer Pfanne bei mittlerer Hitze in 5 Min. goldbraun braten. Herausneh-men, abtropfen lassen, leicht salzen.
2. Kräuter abbrausen, Blätter abzupfen und grob hacken. Ein Viertel zum Garnieren aufbewahren. Gänseblümchen kurz abbrausen. Schalotten schälen und fein würfeln.
3. Schalotten in Öl glasig dünsten. Mit Mehl bestäuben und kurz anschwitzen. Die Hälfte des Fonds und die Sojasahne dazugießen, aufkochen und 5 Min. köcheln lassen. Mit Salz, Pfeffer, Muskat und Zitronensaft würzen.
4. Kräuter mit restlichem Fond pürieren, zur Suppe geben. Kräuter, Crôutons und Gänseblümchen darüberstreuen.

Direktaussaat: Raus an die frische Luft!

Die Sonne im Nacken, den Wind um die Nase und ein zufriedenes Lächeln im Gesicht: Fensterbank ade, das echte Gärtnerleben spielt sich draußen ab, das finden auch viele Kräuter.

Vorgezogene Pflanzen, die jetzt ins Freiland umziehen sollen, stehen anfangs am besten erst stundenweise im Halbschatten. Erst allmählich länger rausstellen und falls nötig sonniger.

Viele Kräuter kann man auch direkt ins Freiland säen – ab wann, das hängt vom jeweiligen Temperaturanspruch ab. Flächig werden Kräuter heute in der Regel nur in kleinem Stil in Kübel und Kästen ausgesät, im Beet meist nur im Rahmen einer Gründüngung. Reihensaat ist in mittelgroßen bis großen Gärten üblich. Sie eignet sich perfekt für einjährige Arten, von denen man regelmäßig oder gleich in größeren Mengen ernten möchte, etwa von Schnittlauch, Petersilie, Basilikum, Kresse, Kerbel und Rauke.

Mit dem Stiel von Hacke oder Besen lassen sich beliebig tiefe Furchen ziehen. Wer Wert auf akkurate Reihen legt, kann eine Schnur zwischen zwei Stöcken spannen oder einen Zollstock auslegen und sich daran orientieren. Je nach Samengröße sät man gleich im optimalen Pflanzabstand oder vereinzelt die Sämlinge später. Noch leichter geht's mit Saatbändern, bei denen die Samen im richtigen Abstand in dünnes Vlies eingebettet sind. Tipp: Säen Sie in mehreren Sätzen aus, bestücken Sie also zum Beispiel erst ein Drittel der Reihe mit Samen, zwei Wochen später das zweite Drittel und nach weiteren zwei Wochen das letzte. Auf diese Weise stehen immer zarte Triebe parat.

Topfgärtner und alle, die aus Platzgründen auf Reihensaat verzichten möchten, können die Samen auch in sogenannten Horsten auslegen, also in Kreisen, aus denen lockere Tuffs entstehen. Der nächste Horst – oder die nächste Einzelpflanze – folgt unter Einhaltung des jeweils empfohlenen Pflanzabstands. Auch bei Pflanzen wie der Melde, deren Saatgut nur unregelmäßig aufgeht, ist die Horstsaat empfehlenswert, da ziemlich sicher zumindest einige der Samen keimen.

Entlang einer gespannten Schnur lassen sich gerade Reihen in den Beeten ziehen.

Schnell gemacht

KALTKEIMER AUSTRICKSEN

Manche Samen, etwa die von Liebstöckel und Knoblauchsrauke, keimen erst, nachdem sie eine Zeit lang einem Kältereiz ausgesetzt waren. Ein cleverer Trick der Natur, denn Sämlinge, die sich bereits im Herbst aus der Erde wagen, haben ein höheres Risiko, im Winter zu erfrieren. Sogenannte Kaltkeimer kann man also entweder im Herbst aussäen oder erst im Frühjahr zur Keimung überreden, dem Kühlschrank sei Dank.

1. Aussaat

Säen Sie direkt in Aussaat- oder Kräutererde, die Sie anschließend anfeuchten; feuchtes Küchenkrepp in einer Aussaatschale tut es aber auch. Nach der Aussaat wird Klarsichtfolie über die Schale gespannt und das Gefäß für zwei Wochen bei Zimmertemperatur aufgestellt. Die Erde beziehungsweise das Papier darf in dieser Zeit nicht austrocknen.

2. Kaltgestellt

Jetzt heißt es ab in den Kühlschrank – aber bitte nicht ins Gefrierfach, denn echte »Frostkeimer« sind selten. Eine Temperatur von 4–6 °C reicht völlig aus, und die herrscht meist im mittleren Bereich des Kühlschranks. Auch während dieser Phase sollten Erde oder Papier regelmäßig befeuchtet werden. Nach vier Wochen zeigen sich mitunter schon die ersten Keimlinge, eine Frist von sechs bis acht Wochen ist für den Kältereiz in jedem Fall ausreichend. Selbst wenn zu diesem Zeitpunkt noch kein Keimling zu sehen ist, wird die Schale nun an einem wärmeren Platz mit etwa 12 °C aufgestellt. Bei der Papiervariante wandert die komplette Lage einfach in ein mit Aussaaterde befülltes Gefäß.

Auf gutes Gedeihen

Schon bald drängeln sich die Jungpflanzen auf der Fensterbank. Auch im Freiland überwinterte Kräuter erwachen zu neuem Leben – genau wie Gärtnerin und Gärtner, die sich nun endlich austoben dürfen.

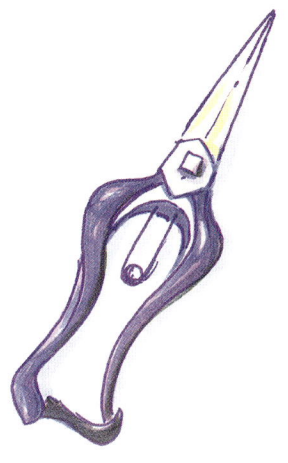

Sobald die Kräuter, die den Winter draußen ausgeharrt haben, frischgrüne Spitzen zeigen, fällt der Startschuss fürs Frühjahrsprogramm in Sachen Pflege. Dazu gehört als Erstes eine neue Frisur, schließlich möchte das Kraut von Welt nicht als oller Zausel in die neue Saison starten. Katzenminze, Zitronenmelisse und Olivenkraut sowie alle zum Verholzen neigenden Kräuter wie Lavendel, Rosmarin, Salbei, Berg-Bohnenkraut und Thymian werden radikal um zwei Drittel zurückgeschnitten. Dabei büßen sie zwar vorübergehend ihr frisches Grün ein, wachsen aber dauerhaft schön dicht und kompakt. Ohne Rückschnitt würde sich die Zone, in der neue Blätter getrieben werden, nach außen verlagern, die Pflanzen würden von innen verkahlen und immer mehr Platz benötigen. Bereits stark verholzte Kräuter treiben nicht zuverlässig wieder aus, wenn bis in den verholzten Bereich hineingeschnitten wird – erkennbar daran, dass die Pflanze dort keine Blätter mehr bildet. Wer alternativ über eine Neupflanzung nachdenkt, kann es natürlich trotzdem riskieren.

Auszugsparty

Vorkultivierte Kräuter werden nun ausgepflanzt. Dafür hält man die Wurzelballen mitsamt dem Gefäß, in dem sie wachsen, zunächst in einen Eimer mit Wasser, bis keine Luftblasen mehr aufsteigen; Anzuchttöpfchen aus Kokosfaser werden mit eingegraben. Dann den Wurzelballen ins zuvor ausgegrabene Loch setzen – so tief, dass die obere Ballenkante mit der umgebenden Erde bündig abschließt. Bei wärmeliebenden Arten wie Basilikum wartet man bis nach den Eisheiligen oder hält bei niedrigeren Temperaturen ein Pflanzenvlies bereit.

Beim Rückschnitt nicht zimperlich sein, die Kräuter danken es Ihnen!

Schonkost für Kräuter

So genügsam viele Kräuter sind: Zu Beginn einer neuen Saison, in der sie dann einige Monate lang Höchstleistungen in Sachen Zuwachs, Blütenreichtum und Samenbildung bringen sollen, tut ihnen ein kleiner Snack gut. Wobei Snack wirklich Snack heißt: Überdüngte Kräuter sind weniger aromatisch und, da anfälliger gegen Schaderreger und Temperaturextreme, auch ganz schnell mal tote Kräuter.

Für Freilandkräuter ist Kompost das optimale Düngemittel der Wahl. Ein Liter pro Quadratmeter reicht für Kräuter, die in der Natur auf einem mageren Standort wachsen, völlig aus, für alle anderen Arten dürfen es bis zwei Liter je Quadratmeter sein. Zur Veranschaulichung: Das bedeutet, die Kompostschicht ist gerade mal 0,1–0,2 cm stark! Anschließend wird der Kompost leicht eingerecht. Bei Topfkräutern gestaltet sich eine Kompostdüngung oft schon aus Platzgründen schwierig, zudem haben die Bewohner von Kübeln und Kästen durch das begrenzte Erdvolumen einen erhöhten Nährstoffbedarf. Hier können Sie entweder zu speziellen Kräuter-Düngestäbchen greifen, die einfach in die Erde gesteckt werden; die Anzahl hängt von der Topfgröße ab und ist auf der Packung angegeben. Oder Sie setzen dem Gießwasser Flüssigdünger zu, und zwar bei Basilikum, Petersilie und anderen »frischen« Kräuterarten alle zwei bis vier Wochen, bei mediterranen Kräutern alle sechs bis acht Wochen (→ S. 48). Infrage kommen spezielle Kräuter-Flüssigdünger oder normaler Flüssigdünger in halber Dosierung.

Töpfchen aus abbaubaren Materialien werden einfach mit ins Beet eingesetzt.

Flüssigdünger ist hochkonzentriert, achten Sie daher auf eine genaue Dosierung.

Kräuter für Eilige: Tipps für den Einkauf

Pflanzen aus Samen ziehen macht Spaß – Pflanzen kaufen aber auch, und manchmal will man eben einfach nicht warten. Hier erfahren Sie, wie schnelle Entscheidungen lange Freude bereiten.

> Auch wenn ein üppig bepflanzter Kräuterkorb schön aussieht: Setzen Sie die Pflanzen nicht zu dicht, sie wachsen noch – oft mehr, als man ihnen zutraut.

Die Kräuteranzucht aus Saatgut hat einen ganz entscheidenden Nachteil: Die Samen verraten noch nichts über das Aroma, das eine bestimmte Sorte später einmal verströmen wird. Bereits »fertige« Kräuter laden geradezu dazu ein, durch Gärtnereien und über Pflanzenmärkte zu schlendern, hier und da über einen Blattschopf zu streichen und sich von seiner Nase zu den persönlichen Favoriten leiten zu lassen. Auch in der Optik unterscheiden sich nicht nur die Kräuterarten, sondern auch einzelne Sorten oft erheblich voneinander.

Gute Pflanzenqualität zahlt sich schnell aus – und man sieht sie.

Praktische Vorteile

Manches Kräutlein lässt bei der Anzucht ganz schön auf sich warten, es kann Wochen dauern, bis sich die ersten grünen Spitzen zeigen, und kleine Sämlinge auf der Fensterbank erfordern definitiv mehr Aufmerksamkeit als größere Pflanzen – zwei Tage nicht gegossen, und mit etwas Pech war alle Mühe vergebens. Außerdem sind Sie mit Topfkräutern natürlich zeitlich wesentlich flexibler, da Sie diese prinzipiell jederzeit zwischen März und Anfang Oktober in den Boden setzen können. Wer anfangs auf Nummer sicher gehen möchte: Die optimale Pflanzzeit für Kräuter ist von Mitte August bis Mitte September. Dann ist es warm, aber nicht mehr allzu heiß und die Kräuter können vor dem Winter noch gut einwurzeln. Im Frühjahr gibt es zwar oft schon warme Tage, aber der Boden ist häufig noch klamm, und wenn es dann noch nass ist, reagieren gerade wärmeliebende Kräuter oft ziemlich verschnupft, weshalb man sie besser erst nach den Eisheiligen Mitte Mai auspflanzt.

Abhärtungskur

Auch wenn es verlockend ist: Wer dauerhaft Freude an seinen Kräutern haben möchte, sollte Topfkräuter aus dem Supermarkt eher als zweite Wahl betrachten. Sie sind schlicht

Im Spätsommer und Frühherbst wachsen die gepflanzten Kräuter besonders gut an.

Die weißen Feinwurzeln versorgen die Pflanze mit Wasser und Nährstoffen.

für den schnellen Verbrauch bestimmt und erweisen sich auf längere Sicht oft als schwächlich. Wer es dennoch versuchen möchte: Setzen Sie die Neuankömmlinge möglichst bald in einen Topf mit hochwertiger Erde (→ S. 12) und stellen Sie diesen zunächst an einen geschützten hellen, aber nicht vollsonnigen Platz. Das gilt übrigens grundsätzlich für alle Kräuter, die vor dem Kauf geschützt unter Glas standen, also zum Beispiel auch im Gartencenter. Sie müssen sich erst noch an austrocknenden Wind, starke Sonnenstrahlung und wechselnde Bodenfeuchte gewöhnen. Die Pflanzung selbst verläuft genauso ab wie bei vorgezogenen Kräutern (→ S. 38).

Kauftipps

Blätter und Triebe sollten frei von Schädlingen und auffälligen Blattflecken, die Erde von einem feinen Geflecht weißer Wurzeln durchzogen sein. Sind faulende Wurzeln zu sehen oder geht von der Erde ein unangenehmer Geruch aus, heißt es: Finger weg. Hat sich auf der Unterseite des Topfs bereits ein dichtes Wurzelgeflecht gebildet, harrt die Pflanze schon lange in ihrer beengten Behausung aus. Solche Exemplare wachsen oft schlechter an. Dürfen sie mit nach Hause, sollten Sie die äußeren Wurzeln komplett entfernen und den Ballen im unteren Bereich vorsichtig etwas auseinanderreißen, um die Bildung neuer Wurzeln anzuregen.

41

Vitaminreiches Grün im Frühjahr

Kerbel
Anthriscus cerefolium

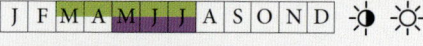 ☼ ☼

Saattiefe: 0 cm | Pflanzabstand: 15 x 30 cm

Wuchs: Wird 30–60 cm hoch und kann nach 6–8 Wochen beerntet werden – Herzblätter schonen. Über dem gefiederten Laub bilden sich weiße Doldenblüten.
Pflege: Die Einjährige mag es eher kühl, keimt am besten im Frühling oder Herbst im Freiland. Liebt nährstoffreichen, durchlässigen Boden. Nicht austrocknen lassen. Versamt sich von alleine. Gedeiht auch auf einer hellen Fensterbank.
Verwendung: Das Aroma von Kraut und Blüten würzt Salat, Suppen, Fisch, Fleisch und die Frankfurter Grüne Soße.

Sauerampfer
Rumex acetosa

 ● ☼ ☼

Saattiefe: 0 cm | Pflanzabstand: 40 x 40 cm

Wuchs: Die Staude wird 40–100 cm hoch, trägt breite glänzende Blätter und rote Blütenrispen. Blut-Ampfer (*R. sanguineus*) enthält weniger Oxalsäure.
Pflege: Mag nährstoffreichen, frischen bis feuchten Boden. Blüten ausbrechen, dann wird mehr Blattmasse gebildet. Herzblätter bei der Ernte schonen. Lichtkeimer, nur andrücken!
Verwendung: In Salat, Suppe, gedünstet und in der Frankfurter Grünen Soße. Enthält recht viel Oxalsäure, deshalb bitte nur in Maßen genießen.

Giersch
Aegopodium podagraria

J F M A M J J A S O N D ● ☼

Saattiefe: – | Pflanzabstand: 30 x 30 cm

Wuchs: Mehrjährige, 30–100 cm hohe Pflanze mit weißen Blütendolden. Die gezähnten Blätter stehen in Dreiergruppen. Charakteristisch ist der dreieckige Stielquerschnitt. Erobert durch Ausläufer rasch große Flächen. Die weiß-grüne Sorte 'Variegata' wuchert etwas weniger.
Pflege: Liebt stickstoffreiche, frische Böden. Mit Rhizomsperre zum Eingrenzen pflanzen, nicht versamen lassen! Giersch wieder loszuwerden, dauert Jahre!
Extra-Tipp: Wie Spinat zubereiten – ein leckerer Lohn fürs Jäten.

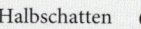 = Voranzucht und Aussaat   ■ = Blütezeit   ☼ Sonne   ☼ Halbschatten   ● Schatten

Melde
Atriplex hortensis

| J | F | M | A | M | J | J | A | S | O | N | D |

Saattiefe: 1 cm | Pflanzabstand: 20 x 40 cm

Wuchs: 30–200 cm hohe Einjährige mit eiförmigem bis dreieckigem Laub. Attraktive Sorten: 'Opéra' und 'Mondseer'.
Pflege: Breitwürfig oder in Reihen säen. Nur frisches Saatgut verwenden. Gedeiht in jedem nicht zu trockenen Boden. Für zarte Blätter regelmäßig wässern. Versamt sich, wenn man sie lässt. Späte Aussaat fürs nächste Frühjahr.
Extra-Tipp: Wie Spinat als Salat, gedünstet oder in der Quiche. Ab 20 cm Wuchshöhe alle 3–4 Wochen schneiden. Nach der Blüte werden die Blätter bitterer.

Gänsefuß/Guter Heinrich
Chenopodium bonus-henricus

| J | F | M | A | M | J | J | A | S | O | N | D |

Saattiefe: 1 cm | Pflanzabstand: 30 x 30 cm

Wuchs: Der Name Gänsefuß geht auf die Blattform zurück. Die zwei- bis mehrjährige Pflanze wird 30–100 cm hoch und trägt grün-rötliche Blütenknäuel.
Pflege: Keimt schwer, daher großzügig aussäen. Liebt nährstoffreiche, nicht zu trockene Böden. Ernte am besten erst ab dem 2. Standjahr. Für mehr Blattmasse Blütenstände früh entfernen. Versamt sich von selbst. Kaltkeimer (→ S. 37)!
Extra-Tipp: Junge Blätter wie Spinat verarbeiten oder im Frühjahr einen dunklen Eimer über die Pflanze stülpen und die gebleichten Triebe wie Spargel genießen.

Große Brennnessel
Urtica dioica

| J | F | M | A | M | J | J | A | S | O | N | D |

Saattiefe: 0 cm | Pflanzabstand: 30 x 30 cm

Wuchs: Die 30–200 cm hohe Staude vermehrt sich über unterirdische Ausläufer. Die mit Brennhaaren besetzten, grob gezähnten Blätter bleiben in Erinnerung.
Pflege: Liebt nährstoffreiche, nicht zu trockene Böden. Lichtkeimer, nur andrücken! Oder durch Abtrennen der Wurzelausläufer vermehren.
Extra-Tipp: Für Pflanzenstärkungsmittel (→ S. 48), als Teekraut oder wie Spinat verarbeiten. Zum Ernten Handschuhe tragen. Abstreifen der Pflanze von unten nach oben bricht die Brennhaarspitzen und macht frische Blätter salattauglich.

Vom Segen der Grünkraft

Hildegard von Bingen, diesen Namen haben viele Kräuterfans schon einmal gehört. Ein Besuch im »Hildegarten« beleuchtet einen von vielen Bereichen, in dem die Ordensfrau ihre Spuren hinterließ.

Die 1098 im rheinland-pfälzischen Bermersheim geborene Adelige und spätere Äbtissin gehörte zu den Universalgelehrten des Mittelalters. Ihre heilkundlichen Werke, die zumindest in Teilen auf sie zurückgehen sollen, erfahren bis heute viel Anerkennung bei Botanikern, Medizinern und Historikern, erklärt der Biologe Thomas Merz. Bei einem Besuch in Bingen erfährt man viel über die Mystikerin und Kräuterkundige, die den Begriff der »Grünkraft« prägte, die zahlreichen Pflanzen in besonderem Maß innewohne.

Hildegard von Bingen kannte zwar noch nicht die genauen Inhaltsstoffe des Hopfens, sie wusste aber bereits um dessen melancholisch machende und konservierende Wirkung.

Herr Merz, Sie leben in Bingen mit Blick auf Hildegards Kloster Rupertsberg und haben den Hildegarten mit seinen vielen Themenbeeten und Infotafeln mit geplant. Was fasziniert die Menschen an Hildegard?

Thomas Merz: Zum einen ist sie eine überaus facettenreiche, schillernde historische Persönlichkeit mit einem für eine Frau ihrer Zeit ungewöhnlich großen Wirkungskreis. In Bezug auf ihr Kräuterwissen gehört sie zudem zu den wenigen Verfassern natur- und heilkundlicher Werke, die aus dieser Zeit überhaupt namentlich bekannt sind.

Was sind denn ihre besonderen Leistungen auf diesem Gebiet?

Thomas Merz: Klöster waren seit jeher die Zentren der Kräuterheilkunde, dort wurde das aus der Antike überlieferte Wissen gepflegt und weitergegeben. Hildegard von Bingen hat diesen Wissensschatz erheblich erweitert, indem sie in ihre Werke Pflanzen und ihre Anwendungen aufgenommen hat, die hier in Mitteleuropa in der Volksheilkunde ihrer Zeit gebräuchlich waren. So zum Beispiel den Wegerich, den ich auch selbst gerne auf Exkursionen verwende, wenn ich an Brennnesseln gestoßen bin oder wenn mich eine Mücke gestochen hat. Die zerquetschten Wegerichblätter lindern schnell und wirksam den Juckreiz.

15 Themen- und acht Einzelbeete stellen wichtige Pflanzen der »Physica« vor - ein bedeutendes naturheilkundliches Werk, das Hildegard von Bingen zugeschrieben wird.

Der Hildegarten schließt an das »Museum am Strom« an, das idyllisch zwischen dem Rhein und hochaufragenden Weinbergen liegt und in einer großen Ausstellung über das Leben und Wirken der Hildegard von Bingen informiert.

Infotafeln erzählen viel Spannendes über Pflanzenverwendung und Heilkunde zu Hildegards Zeit. Es macht aber auch Spaß, durch den Garten zu schlendern, auf einer Bank am »Quellenbrunnen« zu rasten oder das Panorama zu genießen.

Halten alle von Hildegards Empfehlungen einer Überprüfung aus heutiger Sicht stand?

Thomas Merz: Da muss man differenzieren. Natürlich würde heute niemand mehr nach der Signaturenlehre behandeln. Die besagt, eine Pflanze helfe, wenn sie von ähnlichem Aussehen sei wie das Krankheitsbild. Einige wichtige, auch damals schon bekannte Heil- und Nutzpflanzen werden bei Hildegard auch aus religiösen Gründen nicht erwähnt. Aber viele Beobachtungen sind durchaus zutreffend – mit dem Unterschied, dass wir heute viel mehr über die Ursachen von Krankheiten und die Heilkräfte der Kräuter wissen.

Direktes Nachahmen nicht zu empfehlen?

Thomas Merz: Nein, keinesfalls, so wie man bei überlieferten Rezepten überhaupt vorsichtig sein sollte. Das von Hildegard von Bingen so sehr gepriesene Maiglöckchen beispielsweise ist außerordentlich giftig. Huflattich wiederum hilft zwar effektiv gegen Husten – was Hildegard nicht erwähnt, sie empfiehlt ihn vielmehr bei Magen-Darm-Beschwerden –, enthält aber, wie wir heute wissen, krebserregende Substanzen. Deshalb sollte man keinesfalls einfach einen Aufguss daraus herstellen. Darüber informieren wir im Hildegarten genauso wie über das Wirken dieser großen Persönlichkeit und ihren Einfluss auf die Heilkunde.

SOMMER

DUFT, DUFTER, SOMMER! DIE SONNE KURBELT DIE PRODUKTION AN ÄTHERISCHEN ÖLEN AN UND VERSORGT DAZU **LAVENDEL** UND CO. MIT ZAHLREICHEN WARMEN **STREICHELEINHEITEN**. AUCH KULINARISCH VERLEIHEN KRÄUTER DEM SOMMER EINE BESONDERE WÜRZE: OB IM SALAT, IM COCKTAIL ODER AUF DEM GRILL, DIE **AROMASPENDER** SIND ÜBERALL MIT VON DER PARTIE.

Coole Tipps für heiße Zeiten

Sommer – Zeit für faule Tage im Liegestuhl? Für manche Menschen schon, für Kräuter weniger: Wenn man sie ein wenig dabei unterstützt, laufen die kleinen Aromabomben jetzt zur Höchstform auf.

Wässern, wässern, wässern – wer Routine mag, wird den Sommer lieben, denn Topfkräuter müssen nun nahezu täglich gegossen werden und auch im Freiland sollte Gänsewein nachgeschenkt werden. Dort dürfen die Pflanzen allerdings auch mal dürsten, solange sie nicht eindeutig schlappmachen. Das zwingt sie, einen ordentlichen Wurzelballen auszubilden. Die Belohnung: Es kann reichlich geerntet werden (→ Ernte, S. 62). Topfkräuter werden zudem bis Mitte August mit Düngestäbchen oder Flüssigdünger versorgt und danach auf Diät gesetzt, andernfalls leidet die Winterhärte. Topfpflanzen, die warm im Haus überwintern, werden ab jetzt nur noch halb so häufig gedüngt. Darf's a bisserl weniger sein? Das gilt auch für alle Kräuter, die im Frühjahr einen radikalen Rückschnitt erfahren haben (→ S. 38). Bei einem zweiten Friseurtermin nach der Blüte werden sie nun um ein Drittel gestutzt – übrigens eine gute Gelegenheit, um Material für Stecklinge zu sammeln (→ S. 55).

Mit wachen Augen

Im Idealfall können Sie sich die ganze Saison über kraftstrotzende Pflanzen freuen. In der Realität freuen sich gelegentlich auch Blattläuse und Co. mit. Die gute Nachricht: Im Sommer stehen viele Pflanzen zur Verfügung, die Schaderregern das Leben schwer machen. Eine Brühe aus Ackerschachtelhalm (*Equisetum arvense*) beispielsweise festigt die Außenhaut der Pflanzen und beugt Pilzerkrankungen vor, während Brühe aus Rainfarnblüten (*Tanacetum vulgare*) saugende Insekten wie Blattläuse vertreibt. 20 g getrocknete Droge auf einen Liter Wasser geben und 24 Stunden einweichen lassen. Danach eine Stunde lang kochen, dann abkühlen lassen und abseihen. Im Verhältnis 1:5 oder 1:3 (Rainfarn) verdünnen und spritzen.

Nach der Blüte haben Lavendel und Co. einen zweiten Friseurtermin gebucht.

Schnell gemacht

KRÄUTERPALETTE:

1. Böden einziehen

Die Palette senkrecht aufstellen. Dann jeweils ein Brett in den Raum zwischen Palettenoberseite und -fuß nageln. Wird sie später ohnehin im Garten stehen und Erdkontakt haben, können Sie den unteren »Pflanzkasten« auch offen lassen. Dann können die Pflanzen bis in den Boden hineinwurzeln.

2. Mit Erde befüllen

Die Pflanznischen sind sehr klein und das Holz zieht zusätzlich Feuchtigkeit. Daher die Kästen am besten mit Folie ohne (!) Wasserabzugslöcher auskleiden (einfach festtackern) und die Erde mit Wasserspeichergranulat mischen.

3. Bepflanzen

... und zwar mit trockenheitsverträglichen Arten wie Salbei, Rosmarin, Lavendel oder Thymian, die mit wenig Wasser zufrieden sind.

Augenschmaus und Wohlgeruch

Zitronenverbene
Aloysia citrodora

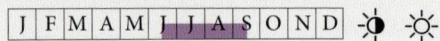 ☼◐ ☼

Saattiefe – | Pflanzabstand: 80 x 80 cm

Wuchs: Bei uns meist maximal 2 m hoher Strauch mit weißen Blüten.

Pflege: Hungrig und durstig, regelmäßig gießen und düngen. Häufiges Ernten fördert die Verzweigung. Frostfrei hell oder dunkel überwintern, vorher um zwei Drittel zurückschneiden. Vermehrung über Steckhölzer.

Verwendung: Tolles Teekraut, auch als »Verveine« bekannt. Frische Blätter eignen sich für alles, das eine Zitronennote erhalten soll. Auch als Potpourri oder als Badezusatz geeignet.

Italienischer Currystrauch
Helichrysum italicum spp. *angustifolium*

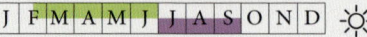 ☼

Saattiefe: 0 cm | Pflanzabstand: 40 × 40 cm

Wuchs: Halbstrauch mit silbrigen, nadelförmigen, essbaren, nach Curry duftenden Blättern und gelben Knöpfchenblüten. Je nach Sorte 20–50 cm hoch.

Pflege: Guter Wasserabfluss ist sehr wichtig, im Freiland Sand ins Pflanzloch geben. Für kompakten Wuchs regelmäßig schneiden. Vermehrung über Aussaat (im Freiland ab April) oder Stecklinge. Sehr hitzeverträglich. In rauen Lagen ist Winterschutz empfehlenswert.

Verwendung: Frische Triebe gegen Ende der Garzeit kurz mitziehen lassen – nicht zu lang, sonst werden Bitterstoffe frei.

Duftgeranie
Pelargonium spp.

 ☼◐ ☼

Saattiefe: – | Pflanzabstand: 50 x 50 cm

Wuchs: *Pelargonium crispum*, *P. graveolens* und *P. odoratissimum* werden je nach Art und Sorte 50–90 cm hoch und 30–60 breit, die Blätter duften nach Rose, Zitrone, Apfel oder Pfefferminz. Weiße, pinke oder violette Blüten.

Pflege: Nährstoffreiche Erde und gute Wasserversorgung ohne Staunässe. Für gute Verzweigung Triebspitzen frühzeitig ausbrechen. Kühl und hell überwintern. Stecklingsvermehrung ab Juni.

Verwendung: Teezusatz oder Küchenkraut sowie zur Insektenabwehr.

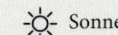 = Voranzucht und Aussaat   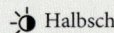 = Blütezeit   ☼ Sonne   ☼◐ Halbschatten   ● Schatten

Minze
Mentha spp.

 ◑ ☀

Saattiefe: 0 cm | Pflanzabstand: 40 x 40 cm

Wuchs: Es gibt eine unglaubliche Arten- und Sortenvielfalt. Sortenabhängig 25–100 cm hoch, glatte, sattgrün glänzende, mitunter aber auch weiche oder gekräuselte Blätter mit gezacktem Rand, die Blüten sind weiß bis violett.
Pflege: Nährstoffreicher, frischer bis feuchter Boden ist optimal. Minze breitet sich über Ausläufer rasch aus, am zahmsten ist sie in Topfhaltung. Vermehrung: Saat, Ausläufer, Teilung, Stecklinge.
Verwendung: Als Teekraut oder im Cocktail, aber auch als Küchenkraut und für kosmetische Anwendungen.

Lavendel
Lavandula angustifolia

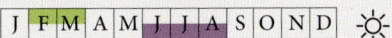 ☀

Saattiefe: 0 cm | Pflanzabstand: 30 × 30 cm

Wuchs: Graugrünes Laub, Blütenfarbe Weiß, Rosa oder Blauviolett. Wird etwa 65 cm hoch.
Pflege: Krautererde, sparsam gießen und düngen. Kaltkeimer, Vorkultur auf der Fensterbank möglich. Zur Erhaltung der Sortenreinheit am besten Vermehrung über Stecklinge.
Extra-Tipp: Die Triebe können schon vor der Blüte genutzt werden. Sparsam eingesetzt als Küchenkraut, vor allem aber als Raum- und Wäscheduft, im Rahmen der Aromatherapie zur Beruhigung oder als Zutat in Naturkosmetik.

Lorbeer
Laurus nobilis

J F M A M J J A S O N D ● ◑ ☀

Saattiefe – | Pflanzabstand: 50 × 50 cm

Wuchs: In der Natur bis zu 10 m hoher immergrüner Großstrauch/Baum, im Kübel meist nicht höher als 2 m. Wird gerne als Hochstamm mit kugelförmiger Krone gezogen. Auf die gelben Blüten folgen schwarze Beeren, die seltener medizinisch verwendet werden.
Pflege: Regelmäßig gießen und düngen. Frostfrei an hellem Platz überwintern. Stecklingsvermehrung. Sehr schnittverträglich. Triebe einzeln schneiden, das vermeidet vertrocknende Blattränder.
Verwendung: Die grünen Blätter dienen frisch oder getrocknet zum Würzen.

51

Vermehrung: Aus eins mach viele

Geteilte Freude ist doppelte Freude, worauf also noch warten? Kräuter lassen sich schnell und unkompliziert vermehren und sind ein tolles Geschenk für die nächste Grillparty.

> Saatgut, aber auch bereits eingetopfte Ableger der Kräuter lassen sich prima tauschen, ob im Familien- und Freundeskreis oder auf organisierten Tauschbörsen.

Ausgereifte Samen färben sich meist von Grün zu Braun oder Schwarz und lösen sich leicht aus ihrer Hülle. Jetzt wäre der ideale Zeitpunkt für die Ernte – dumm nur, wenn die wertvolle Fracht zwischenzeitlich zu Boden gefallen ist, was etwa bei Doldenblütlern wie dem Dill schnell geschieht. Da heißt es: schon vorher handeln!

Gut aufgepasst

Um Verluste zu verhindern, kann man die Samenstände schon etwas vor der vollständigen Reife abschneiden und an einem warmen, luftigen Platz im Halbschatten oder Schatten nachreifen lassen. Der Nachteil bei diesem Vorgehen: Wenn man zu früh erntet, leidet die Keimfähigkeit des Samens, das heißt, es keimen weniger Samen. Aufwendiger, aber sicherer ist es, Gazesäckchen locker um die heranreifenden Fruchtstände zu binden – Papiertüten sind ungünstig, weil sie durchweichen, Kunststofftüten, weil es darin zu feucht und zu heiß wird. Reife Samen landen in den Säckchen und können bei Gelegenheit in Sicherheit gebracht werden. Zeit lassen kann man sich auch bei Ringelblume, Malven, Kapuzinerkresse und einigen anderen Arten. Ihre relativ großen Samen haften lange zusammen, ehe sie sich lösen. Der beste Zeitpunkt für die Samenernte ist ein trockener, sonniger Tag, auch der Tau sollte bereits abgetrocknet sein. Die geernteten Samen grob sieben, um trockene Pflanzenteile zu entfernen, und damit nix schimmelt, falls nötig zum Nachtrocknen auf Küchentüchern auslegen. Anschließend vor Licht und Feuchtigkeit geschützt an einem kühlen, trockenen Ort lagern. Luftige Verpackungsmaterialien wie Papier oder Kaffeefilter sind meist besser als Kunststoff, da eine etwaige Restfeuchte verdunsten kann. Das Beschriften der Samenbehälter nicht vergessen.

Die Ringelblumensamen sitzen schön kompakt zusammen, da macht die Ernte richtig Spaß.

Schnell gemacht

SAMENTÜTEN FALTEN:

Ob zum Verschenken oder einfach weil sie toll aussehen, nix kosten und ein praktisches Format haben: In diesen selbst gemachten Samentütchen sind die Gartenschätze gut aufgehoben.

Optimal eignet sich dunkles, lichtundurchlässiges Papier für die Tüten, dort sind die Samen vor Lichteinfluss geschützt und bewahren ihre Keimkraft am längsten. Für Geschenke oder zum eigenen Vergnügen kann man das Papier vor dem Falten auch mit Gartenmotiven bedrucken. Beschriften nicht vergessen!

1. Vorfalten

Ein quadratisches Stück Papier diagonal falten, sodass ein großes Dreieck entsteht (links im Bild).

So hinlegen, dass die geschlossene Seite zu Ihnen zeigt. Die geschlossene Seite nun in drei gleich große Abschnitte aufteilen und zum Beispiel mit zwei kleinen Punkten markieren. Nun die rechte Spitze des Dreiecks zur linken Markierung falten und die linke Spitze zum rechten Punkt (Bildmitte).

Als Nächstes die linke Spitze zwischen die beiden Lagen der rechten Spitze schieben – oder umgekehrt, das ist völlig wurscht. Das Gebilde erinnert nun an einen geöffneten Briefumschlag oder ein kleines Haus (rechts im Bild). Die Faltkanten noch einmal richtig glatt streichen, damit die Form erhalten bleibt.

2. Samen einfüllen

Jetzt kann das Saatgut eingefüllt werden, und zwar zwischen die beiden Papierlagen des »Daches«. Anschließend den Briefumschlag schließen und mit einem Stück Klebeband versiegeln.

Vor- und Nachteile der Anzucht über Samen

Die meisten Samen behalten ihre Keimfähigkeit je nach Kräuterart mehrere Jahre lang und bringen eine große Zahl an Nachkommen hervor. Im Kauf sind Samen zudem meist deutlich preisgünstiger als fertige Pflanzen. Allerdings muss man bis zur ausgewachsenen Pflanze auch mehr Zeit und Pflege investieren, gerade bei unregelmäßig keimenden Arten – und bei unregelmäßig gärtnernden Betreuern – ist das Risiko des Scheiterns damit deutlich höher. Und noch einen weiteren Unsicherheitsfaktor gibt es: Zwar kann man Wildarten von Kräutern problemlos über Samen vermehren, da sie »samenfest« sind, also immer Nachkommen hervorbringen, die genetisch identisch miteinander sind. Bei vielen Züchtungen funktioniert das jedoch nicht mehr: Sät man Samen von nicht samenfesten Sorten aus, verlieren ihre Nachkommen einen Teil der Eigenschaften, für welche die Sorte bekannt ist. Das passiert beispielsweise bei allen als F1-Hybriden bezeichneten Sorten, die sich häufig durch einen überdurchschnittlich hohen Wirkstoffgehalt, Krankheitsresistenzen oder einen besonders kompakten Wuchs auszeichnen. Bei mehrjährigen Pflanzen kann man das Problem umgehen und solche Sorten dennoch erfolgreich vermehren, nämlich auf dem sogenannten vegetativen Weg.

Klon-Bastelstube

Die vegetative Vermehrung ist eine Art Adam-und-Eva-Geschichte, nur viel besser: Statt einer Rippe klaut man der Mutterpflanze zum Beispiel eine Triebspitze, steckt diese in die Erde und lässt sie bewurzeln, fertig ist eine genetisch identische Ausgabe, die alle Eigenschaften der Mutterpflanze teilt. Diese Stecklingsvermehrung (→ S. 55) funktioniert wunderbar etwa bei Rosmarin, Salbei, Lavendel, Thymian, Berg-Bohnenkraut, kurz, bei nahezu allen mehrjährigen, zum Verholzen neigenden Kräutern, aber auch bei Gehölzen wie Citrus oder Lorbeer.

Teilzeit

Vor allem Kräuter, die sich durch über- oder unterirdisch wachsende Ausläufer vermehren, lassen sich durch Teilen leicht vervielfa-

Schnittlauch lässt sich mit dem Spaten kinderleicht teilen – und verjüngt sich dabei auch noch.

Schnell gemacht

ROSMARIN-STECKLINGE:

Ganz fix kann man verholzende Kräuter über Stecklinge vermehren. Diese sollten etwa 8–10 cm lang sein.

* Streifen Sie im unteren Drittel die Blättchen ab – gegen die Wuchsrichtung geht das ruckzuck.
* Füllen Sie einige Pflanzgefäße mit Aussaat- oder Kräutererde, stecken Sie die Triebe bis zum Blattansatz hinein und drücken Sie die Erde um sie herum ein wenig an. Kleine Kunststofftöpfe sind besonders praktisch, weil man später durch die Wasserabzugslöcher die ersten weißen Wurzelspitzen erkennen kann.
* Angießen nicht vergessen. Bis sich Wurzeln gebildet haben, sollte das Substrat nun stets leicht feucht gehalten werden. Danach ziehen die Pflanzen in größere Töpfe um.

chen. Minzen, Waldmeister und Liebstöckel gehören zu dieser Gruppe. Dazu graben Sie den Wurzelballen aus und spalten ihn mit dem Spaten in zwei oder mehr Stücke. Diese können Sie direkt an anderen Stellen einpflanzen oder eintopfen und verschenken. Mit dem Spaten kann man auch »Wanderer« einfangen: Suchen Sie sich zum Beispiel einen kräftigen Minztrieb aus, der sich abzusetzen versucht, umstechen Sie ihn mit dem Spaten und heben Sie ihn aus der Erde heraus. Die restliche vagabundierende Minze können Sie nun roden und das herausgestochene Stück an den gewünschten Platz setzen. Tipp: Da beim Teilen der Wurzelballen verkleinert wird, fällt es der Pflanze schwerer, die oberirdischen Triebe

mit Wasser und Nährstoffen zu versorgen. Ein Rückschnitt gleicht das Verhältnis von Wurzel- zu Blattmasse wieder aus.

Schnittmenge

Königskerzen können Sie über Wurzelschnittlinge vermehren. Dazu graben Sie den Wurzelstock im Herbst aus, sobald die oberirdischen Pflanzenteile bis auf die Blattrosette vertrocknet sind. Schneiden Sie dann 8–10 cm lange Wurzelstücke ab und legen Sie diese in eine Schale mit durchlässig-humoser Erde. Zwei Fingerbreit mit Erde bedeckt und mäßig feucht gehalten überwintern sie frostfrei und werden dann im folgenden Frühjahr ausgepflanzt.

Schritt für Schritt: Vermehrung per Absenker

Wer beim Vermehren auf Nummer sicher gehen will, wählt das Rundum-Sorglos-Paket und lässt den Pflanzennachwuchs von Mama betreuen. Der Pflanzenmama, wohlgemerkt ...

ZUBEHÖR FÜR EINE TIEFE (ERD-)VERBUNDENHEIT:

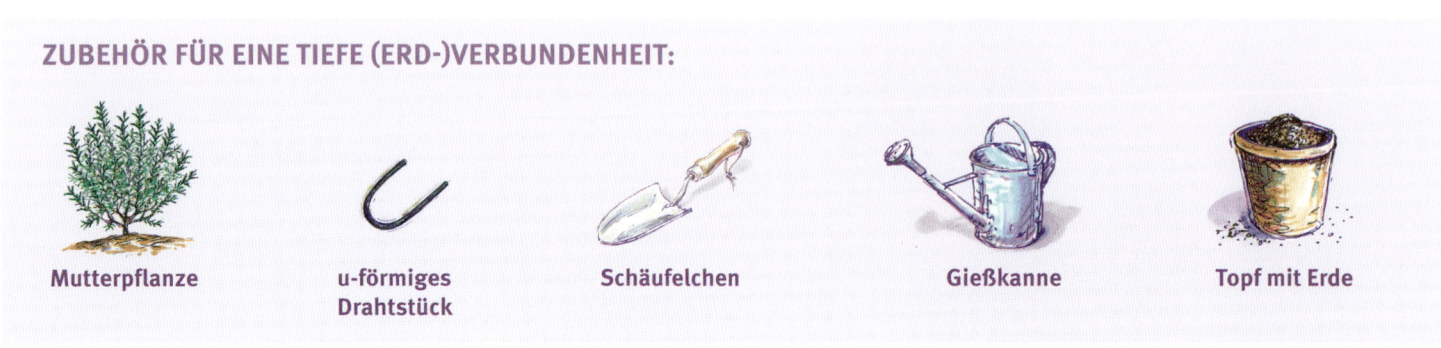

| Mutterpflanze | u-förmiges Drahtstück | Schäufelchen | Gießkanne | Topf mit Erde |

Stecklinge sind super, vor allem, wenn man gleich eine größere Anzahl neuer Pflänzchen ziehen möchte, etwa als Gastgeschenk für eine Feier. Rosmarin beispielsweise steht in der Pflanzensymbolik für Liebe und Treue, das passt perfekt als Mitbringsel bei einer Hochzeit. Allerdings kann es schon auch mal passieren, dass Stecklinge nicht bewurzeln, faulen oder schlicht vertrocknen, weil man das Gießen vernachlässigt hat. Wer nur einen oder einige wenige Ableger ziehen möchte, kann daher bei vielen Kräuterarten auf eine narrensichere Methode zurückgreifen: den Absenker. Dabei übernimmt die Mutterpflanze die komplette Versorgung mit Wasser und Nährstoffen, bis die Jungpflanze zuverlässig Wurzeln geschlagen hat, erst danach werden beide getrennt. Funktioniert bei nahezu allen Arten, die sich auch per Steckling vermehren lassen oder die unter- oder oberirdische Ausläufer bilden.

① Als Erstes suche ich mir einen biegsamen Pflanzentrieb und fixiere ihn mit einem u-förmigen Stück Draht auf der Erde. Die Triebspitze schaut weiter nach oben.

Zusätzlich schaufle ich noch ein bisschen Erde über die Ankerstelle zwischen Trieb und Draht. Wer keinen Garten hat, kann sich übrigens auch einfach einen zweiten Pflanztopf neben die Mutterpflanze stellen und den Absenker dort hineinleiten.

Wie bei allen Aktionen, die der Bewurzelung dienen, sollte die Erde in den kommenden Wochen nicht austrocknen. Bei Absenkern dauert die Wurzelbildung deutlich länger als bei Stecklingen, deshalb früh genug starten, am besten im Mai oder Juni.

Nach zwei bis drei Monaten hat sich der Trieb bewurzelt und ich darf Geburtshelfer spielen und die »Nabelschnur« kappen: Mit einer Schere trenne ich den Absenker von der Mutterpflanze.

Nun noch eintopfen und angießen, dann ist es geschafft: Willkommen im neuen Zuhause, kleiner Lavendel!

Süßes für Leckermäuler

Anis-Duftnessel
Agastache foeniculum

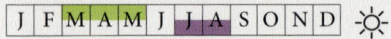

Saattiefe: 0,5 cm | Pflanzabstand: 50 × 50 cm

Wuchs: Kompakter, trockenheitsverträglicher Schmetterlingsmagnet. Wird 50–110 cm hoch, mit je nach Sorte weißen oder violetten Blütentrieben.
Pflege: Liebt durchlässigen Boden. Nach der Blüte auf 15 cm stutzen, oft folgt eine zweite. Kurzlebige Staude, versamt sich selbst. In rauen Lagen ist Winterschutz ratsam. Vorkultur ab März, Freilandaussaat im Mai – oder Teilen im März.
Verwendung: Blätter als Teekraut mit natürlicher Süße, Blätter und Blüten für Süßspeisen und Kräuteressig.

Anis
Pimpinella anisum

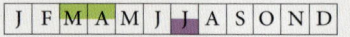

Saattiefe: 1 cm | Pflanzabstand: 15 x 30 cm

Wuchs: Die 40–60 cm hohe Einjährige trägt rundliche, dann fein gefiederte Blätter und weiße Dolden.
Pflege: Braucht durchlässigen Boden und viel Wärme. Vorkultur ab März, Freilandaussaat im April. Färben sich die Samen braun und die Stiele gelb, ist Erntezeit.
Verwendung: Tee, Lebkuchen, Hefegebäck und Anisplätzchen; Lamm, Fisch und Rotkohl. Getrocknete Anissamen sind vielseitig einsetzbar – praktischerweise fördern sie auch die Verdauung. Auch das frische Kraut kann sehr vielfältig verwendet werden.

Estragon
Artemisia dracunculus

Saattiefe: 0 cm | Pflanzabstand: 50 x 80 cm

Wuchs: Buschige, 60–120 cm hohe Staude mit weißlichen Blüten. Sortenempfehlung: 'Baden-Baden' schmeckt sehr fein und ist besonders robust.
Pflege: In durchlässigen, aber humosen Boden säen, nur andrücken. Regelmäßig gießen. Vorkultur im April oder Freilandaussaat im Mai. Für kompakten Wuchs oft schneiden. 'Baden-Baden' über Stecklinge sortenecht (→ S. 55) vermehren.
Verwendung: Das frische, gefrorene oder getrocknete Kraut würzt Salat, Fisch, Geflügel, Essig …

■ = Voranzucht und Aussaat   ■ = Blütezeit   ☼ Sonne   ◐ Halbschatten   ● Schatten

Stevia, Süßkraut
Stevia rebaudiana

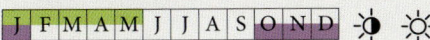 ◖ ☀

Saattiefe: 0 cm | Pflanzabstand: 40 × 40 cm

Wuchs: Die Blätter der 50–100 cm hohen Staude sind 30-mal süßer als Rübenzucker. Weiße Blüten. Die Sorte 'Stepa' ist großblättrig und extrasüß.
Pflege: Mag warmen, nährstoffreichen Boden, leicht feucht, aber ohne Staunässe. Für dichten Wuchs 14-tägig schneiden. Hell bei 15–20 °C überwintern oder frostfrei, dann zieht die Pflanze ein. Vermehrung über Samen (nur über warme Vorkultur), Absenker oder Stecklinge.
Verwendung: Frische und getrocknete Blätter spenden kalorienfreie Süße, mitunter mit leicht herbem Nachgeschmack.

Fenchel
Foeniculum vulgare

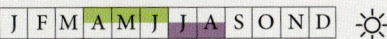 ☀

Saattiefe: 0,5 cm | Pflanzabstand: 50 x 50 cm

Wuchs: Die Zwei- oder Mehrjährigen werden 80–200 cm hoch, tragen wundervoll filigranes Laub und im zweiten Jahr gelbe Doldenblüten. Die Sorte 'Rubrum' ist bronzefarben, vor allem im Austrieb.
Pflege: Gedeiht gut auf nährstoffreichen, leicht feuchten Böden (Topfkultur schwierig, nur in großen Kübeln). Regelmäßig gießen und düngen. Im Herbst zurückschneiden, mit Winterschutz überwintern. Versamt sich, wenn man ihn lässt.
Verwendung: Als Tee und Gewürz geliebt oder gehasst. Verwendbar sind Kraut und Samen, auch für viele Desserts.

Lakritz-Tagetes
Tagetes filifolia

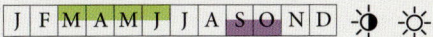 ◖ ☀

Saattiefe: 0 cm | Pflanzabstand: 30 x 30 cm

Wuchs: Das filigrane frischgrüne Laub wird 20–40 cm hoch, verführt zum Darüberstreichen und duftet und schmeckt intensiv nach Lakritz. Kleine weiße Blüten. Bei uns meist einjährig.
Pflege: Mag humosen, leicht feuchten Boden. Regelmäßig wässern, im Topf alle 3–4 Wochen mit Flüssigdünger versorgen. Für einen dichten Wuchs häufig beernten. Hell und kühl überwintern. Vermehrung über Stecklinge oder Samen (Lichtkeimer, Direktsaat ab Mitte Mai).
Verwendung: Als Teekraut, in Süßspeisen, Limonaden, Salaten, Essig …

Sommer, Sonne, superlecker!

Von wegen keinen Appetit bei der Hitze! Ein fruchtig-frischer Salat geht immer, und auch sonst kräutern wir uns mit ebenso köstlichen wie gesunden Gerichten genussvoll durch die heißen Tage.

MANGOLD-BORRETSCH-RISOTTO

Für 2 Personen | Zubereitung: 30 Min.

Zutaten: 300 g Mangold * 2 Schalotten * 400 ml Gemüsebrühe * 1 EL Olivenöl * 2 TL Butter * 100 g Risottoreis (z. B. Arborio) * 100 ml trockener Weißwein * 30 g Pinienkerne * 1 Bund Borretsch (ca. 80 g) * Salz * schwarzer Pfeffer * frisch geriebene Muskatnuss * 2 EL frisch geriebener Parmesan

1. Den Mangold waschen, Stiele abschneiden, putzen und in kleine Würfel schneiden. Das Mangoldgrün grob hacken. Die Schalotten schälen und fein würfeln. Die Brühe aufkochen, warm halten.

2. Öl und Butter in einem schweren Topf erhitzen, die Schalotten und Mangoldstiele darin unter Rühren glasig dünsten. Reis dazugeben und kurz mitdünsten. Mit dem Wein ablöschen und fast vollständig einkochen lassen. So viel heiße Brühe aufgießen, dass der Reis gerade bedeckt ist. Bei mittlerer Hitze 20 Min. garen, dabei nach und nach die restliche Brühe zugießen und ab und zu den Reis umrühren.

3. Inzwischen die Pinienkerne bei mittlerer Hitze goldbraun anrösten. Vom Herd nehmen und erkalten lassen.

Den Borretsch waschen, trocken schütteln, grobe Stiele entfernen, Blätter bis auf einige zarte Blättchen hacken.

4. Nach 15 Min. Garzeit das Mangoldgrün unter den Reis mischen, 5 Min. mitgaren. Borretsch kurz vor dem Servieren unterheben, mit Salz, Pfeffer und Muskat abschmecken. Den Risotto mit Pinienkernen und geriebenem Parmesan bestreuen, mit den vorher zurückbehaltenen zarten Borretschblättern garnieren.

PFIRSICHKONFITÜRE MIT MINZE

Für 2 Gläser (ca. 250 ml) | Zubereitung: 30 Min.

Zutaten: 5–6 Pfirsiche * 1 EL Zitronensaft * 200 g Gelierzucker 2:1 * 2 Zweige Minze * 1 EL Holunderblütensirup

1. Die Pfirsiche waschen und mit heißem Wasser überbrühen, die Schale abziehen. Das Fruchtfleisch vom Stein schneiden, 400 g abwiegen. Klein würfeln, in einem Topf mit Zitronensaft und Gelierzucker vermischen und mit einem Kartoffelstampfer zerdrücken.

2. Minze abbrausen und trocken tupfen, dann fein hacken.

3. Die Pfirsichmischung unter Rühren langsam zum Kochen bringen, 4 Min. sprudelnd kochen lassen. Minze und Holunderblütensirup einrühren, alles noch einmal aufkochen. Sofort in die gründlich heiß ausgespülten Schraubgläser füllen und diese fest verschließen. Umdrehen, etwa 5 Min. auf dem Deckel stehen lassen, dann wieder umdrehen.

AVOCADO-ERDBEER-SALAT

mit Kapuzinerkresse

Für 1 Portion | Zubereitung: 20 Min.

Zutaten: ½ reife Avocado * 1 ½ EL Zitronensaft * 5 Erdbeeren * 1 TL Agavendicksaft * Salz * schwarzer Pfeffer * 1 EL Olivenöl * 2 Blätter Kapuzinerkresse * 50 g Räucherlachs (in dünnen Scheiben) * 2–3 Kapuzinerkresseblüten

1. Die Avocadohälfte entsteinen, das Fruchtfleisch auslösen, in dünne Spalten schneiden und sofort mit 1 EL Zitronensaft beträufeln. Die Erdbeeren abbrausen, die grünen Blättchen entfernen, die Beeren je nach Größe halbieren oder vierteln. Avocadospalten und Erdbeeren auf einem Teller anrichten.

2. Den restlichen Zitronensaft und 1 EL Wasser mit Agavendicksaft, Salz, Pfeffer und Olivenöl verrühren. Die Kapuzinerkresseblätter abbrausen, trocken schütteln, in feine Streifen schneiden und unter die Sauce mischen. Die Vinaigrette über die Avocado und die Erdbeeren träufeln. Die Räucherlachsscheiben dazu arrangieren und den Salat mit den Kapuzinerkresseblüten dekorieren. Dazu schmeckt Pumpernickel oder Knäckebrot.

Erntezeit!

Oh ja, dieses Kapitel verdient ein Ausrufezeichen, schließlich ist die Ernte der Höhepunkt des Kräutergärtnerns – und zum Glück viel unkomplizierter als oftmals angenommen.

> Stark wachsende, zum Verholzen neigende Kräuter sollte man unbedingt regelmäßig beernten – auch über den eigenen Bedarf hinaus.

Als Zeitpunkt für die Ernte ist der frühe Vormittag, also gegen 10 Uhr, sobald der Tau abgetrocknet ist, perfekt, denn dann ist der Gehalt an ätherischen Ölen in den Pflanzen besonders hoch. In der Mittagshitze würden die Öle ansonsten freigesetzt und die Pflanzenteile an Aroma verlieren. Trotzdem kann man selbstverständlich auch zu einem anderen Zeitpunkt ernten, würziger als jedes getrocknete Kraut sind die frischen Kräuter allemal. Grundsätzlich flexibel ist man auch beim Erntezeitpunkt im Jahresverlauf. Zwar ist es in der Tat so, dass der Gehalt an wertvollen Inhaltsstoffen bei Blattkräutern kurz vor der Blüte beziehungsweise bei Blühbeginn am höchsten ist. Aber deshalb anschließend aufs Ernten verzichten? Ganz sicher nicht. Nur einige wenige Kräuter sollten im blühenden Zustand nicht eingesetzt werden – entweder weil sie wirklich extrem an Aroma einbüßen wie Bärlauch und Zitronenmelisse oder weil der Gehalt an Inhaltsstoffen stark ansteigt, die in größerer Menge gesundheitsschädlich wirken können. Letzteres trifft etwa auf Waldmeister, Petersilie und Sellerie zu. Bei den allermeisten Kräutern gilt jedoch: Keine falschen Hemmungen haben. Überhaupt tut regelmäßiges Beernten vielen Arten sehr gut und fördert einen kompakten Wuchs. Was Sie beachten sollten: Schonen Sie bei Kerbel, Petersilie, Rauke, Sauerampfer und Schnitt-Sellerie die sogenannten Herzblätter, also die in der Pflanzenmitte sprießenden Triebe. Bleiben diese unangetastet, regeneriert sich die Pflanze immer wieder und einer fortlaufenden Ernte steht nichts im Weg. Bei Bärlauch empfiehlt es sich, immer nur einige wenige Blätter je Pflanze zu pflücken, denn sie sind die Fotosynthese-Kraftwerke der Zwiebelblumen. Wer Kahlschlag betreibt, riskiert, dass zu wenig Reservestoffe in die Zwiebeln eingelagert werden können und die Blüte im nächsten Frühjahr ausfällt.

Bei einer solchen Kräuterfülle bleibt selbst zum Dekorieren noch reichlich übrig.

Schnell gemacht

HOCHSTÄMMCHEN ZIEHEN:

Ob Lorbeer, Olive, Rosmarin oder Lavendel: Viele verholzende Kräuter machen als Hochstämmchen gestalterisch einiges her. Für die Anzucht braucht man eine Schere, einen Stab und Geduld.

* Jedes Jahr alle Seitentriebe konsequent entfernen. Ein Stab sorgt für einen geraden Wuchs. Ist die gewünschte Endhöhe erreicht, kappt man die Triebspitze etwa eine Handbreit über dem künftigen Kronenansatz. Das regt die Verzweigung und damit ein schönes buschiges Wachstum an.
* In den Folgejahren werden auch die neu entstandenen Verzweigungen immer wieder ein Stück eingekürzt – eine schöne dichte Krone entsteht.

Aufgeblüht

Bei Blütenkräutern wie Kamille, Lavendel und Ringelblume wird logischerweise zur Blütezeit geerntet – und zwar zur Vollblüte, wenn sich alle Knospen des Hauptblütenstands geöffnet haben und einzelne Blüten schon wieder verwelken. Übrigens sind auch die Blätter von Basilikum und Oregano zu diesem Zeitpunkt am aromatischsten. Gut zu wissen: Wer Blätter und/oder Blüten nicht frisch verarbeiten, sondern konservieren möchte und zeitlich etwas Spielraum hat, sollte nach einer kühlen Phase ein paar sonnige Tage abwarten, ehe er zur Schere greift. Sonnentage treiben den Wirkstoffgehalt nämlich deutlich nach oben. Für die Ernte von Samen, die zum Verbrauch bestimmt sind, gelten die gleichen Empfehlungen wie bei der Ernte zu Aussaatzwecken (→ S. 52).

Bodenschätze

Die Wurzeln liebevoll hochgepäppelter Pflanzen zu ernten, wird insbesondere Neueinsteigern schwerfallen. Wer sich dennoch dazu durchringt, sollte sie in jedem Fall in der Ruhephase im späten Herbst bis zum zeitigen Frühjahr ausgraben. Die Wurzelernte kann insbesondere bei einigen mehrjährigen Arten von Interesse sein, lohnt sich aber frühestens nach zwei Jahren Standzeit, besser ist es, noch ein, zwei Jahre länger zu warten.

Für einen blütenreichen Sommer

Borretsch
Borago officinalis

J F M A M J J A S O N D ☀

Saattiefe: 2 cm | Pflanzabstand: 40 x 40 cm

Wuchs: 50–100 cm hohe Einjährige mit behaarten Blättern und Stängeln und attraktiven, bei Bienen und Hummeln sehr beliebten himmelblauen Blüten.
Pflege: Liebt durchlässigen, eher mageren Boden oder Kräutererde. Versamt sich selbst, wenn man ihn lässt.
Verwendung: Wegen seines Geschmacks auch Gurkenkraut genannt. Die Blätter passen zu allen frischen Speisen und gehören in die Frankfurter Grüne Soße, die Blüten sind eine tolle essbare Deko und in Eiswürfeln für Getränke ein Hingucker.

Ringelblume
Calendula officinalis

J F M A M J J A S O N D ◐ ☀

Saattiefe: 1 cm | Pflanzabstand: 20 x 20 cm

Wuchs: 20–50 cm hohe einjährige Gute-Laune-Pflanze mit Blüten in Gelb- oder Orangetönen. Für Insekten sind un- oder halbgefüllte Sorten am wertvollsten.
Pflege: Die Aussaat erfolgt direkt ins Freiland. Gedeiht in jeder nicht zu trockenen Erde. Verblühtes regelmäßig entfernen, das regt die Blütenbildung an und vermeidet Samenbildung, falls Selbstaussaat unerwünscht ist.
Verwendung: Gut für die Bodengesundheit. Blüten als essbare Deko, Teebeigabe und in der Naturheilkunde (→ S. 84).

Scharlach-Indianernessel
Monarda didyma

J F M A M J J A S O N D ◐ ☀

Saattiefe: 0 cm | Pflanzabstand: 50 x 50 cm

Wuchs: Die auch Goldmelisse genannte Staude wird 60–120 cm hoch, je nach Sorte mit punkigen roten, rosafarbenen, violetten oder weißen Blüten.
Pflege: Braucht lockeren, nährstoffreichen, stets leicht feuchten Boden, Trockenheit wird mit Mehltau quittiert. Rückschnitt nach der Blüte. Vermehrung über Teilung. Alternativ über Aussaat mit Vorkultur bis Ende Mai oder Direktsaat im Mai (Lichtkeimer!).
Verwendung: Die Blüten eignen sich als essbare Dekoration, die Blätter als Tee.

■ = Voranzucht und Aussaat   ■ = Blütezeit   ☀ Sonne   ☀ Halbschatten   ● Schatten

Baldrian
Valeriana officinalis

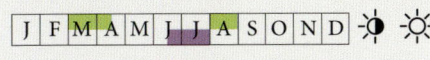

Saattiefe: 0 cm | Pflanzabstand: 60 x 60 cm

Wuchs: 70–200 cm hohe Staude mit gefiedertem Laub und rosaroten bis pinken Blüten. Katzen lieben den süßlichen Duft.
Pflege: Baldrian mag schwere, nährstoffreiche, feuchte Böden. Vermehrung über Absenker oder Teilung, alternativ über Aussaat (Lichtkeimer!) auf der Fensterbank oder im August direkt ins Freiland.
Verwendung: Getrocknete Wurzel wirkt als Tee oder Badezusatz beruhigend – aber dafür die schöne Pflanze ausgraben? Lieber Blüten und junge Blätter verwenden – auch als Salatbeigabe.

Kapuzinerkresse
Tropaeolum majus

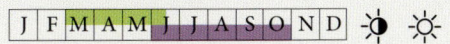

Saattiefe: 1–2 cm | Pflanzabstand: 40 x 40 cm

Wuchs: Zauberhafte Einjährige mit rundlichem Laub und plakativen, oft mehrfarbigen Blüten in Gelb-, Orange-, Rot- und sogar Pastelltönen. Zarter Duft. Wächst buschig 20–60 cm hoch oder klettert mit bis zu 2 m langen Ranken.
Pflege: Direktsaat ab Mai. Anspruchslos in durchlässiger, gerne nährstoffreicher Erde. Leider zieht sie Blattläuse an – ohne Schutzwirkung für Obstbäume, denn dort saugen andere Blattlausarten.
Verwendung: Knackige essbare Blüten und kresseähnliches Laub. Die Knospen dienen als Kapernersatz.

Großblütige Königskerze
Verbascum densiflorum

Saattiefe: 0 cm | Pflanzabstand: 60 x 60 cm

Wuchs: 150–200 cm hohe, bis zu 100 cm breite zwei- bis mehrjährige Pflanze mit silbrigem Flaum und, im zweiten Jahr, imposanten hellgelben Blütenkerzen.
Pflege: Mag trockenen, mageren Boden. In frischer, nährstoffreicher Erde meist blühschwächer. Staunässe meiden. Nach der Blüte kappen, um die sonst reiche Selbstaussaat zu vermeiden. Vermehrung über Aussaat im Juni/Juli (Lichtkeimer!) oder über Wurzelschnittlinge (→ S. 55).
Verwendung: Essbare Deko (kratzige Staubblätter entfernen!) oder als Tee.

Jauch(z)et, frohlocket!

Ob als Jauchen, Tees, Auszüge oder Pulver, Kräuter spielen im Garten der Benediktinerinnenabtei Fulda eine Hauptrolle. Das Wissen der Ordensfrauen trägt auch zum gärtnerischen Seelenfrieden bei.

Wer vom Segen des biologischen Pflanzenschutzes spricht, kommt am Klostergarten der Abtei Fulda nicht vorbei. Die Schwestern der Benediktinerinnenabtei beschäftigen sich seit den 1940er-Jahren mit der positiven Wirkung von Kräutern und Kompost auf den Gartenboden und sind gefragte Expertinnen auf diesem Gebiet. Auch für Einsteiger hat Schwester Christa Weinrich, Leiterin des Klostergartens und Diplom-Ingenieurin für Gartenbau, viele gute Tipps parat.

> Wir ernten und trocknen jedes Jahr viele Kräuter, unter anderem für Teemischungen. Bei Teekuren richte ich mich nach der naturheilkundlichen Empfehlung, nie mehr als vier Tassen am Tag zu trinken und die Kur nach sechs Wochen zu beenden.

Schwester Christa, welche Rolle spielen Kräuter im Klostergarten der Abtei Fulda?

Sr. Christa: Zum einen nutzen wir sie als Gewürz- und Heilpflanzen. Zum anderen tragen sie im Rahmen des biologischen Pflanzenschutzes dazu bei, unsere Gemüsepflanzen gesund zu halten. Von Schafgarbe, Brennnessel, Baldrian, Löwenzahn und Kamille benötigen wir zudem größere Mengen für die Herstellung unseres Kompostaktivators Humofix, für den die Abtei bei vielen Gärtnern bekannt ist. Das Rezept ist übrigens frei verfügbar. Kompost trägt ganz wesentlich zur Bodengesundheit bei.

Welche Kräuter sind in Bezug auf den Pflanzenschutz besonders wertvoll?

Sr. Christa: Beinwell und Brennnesseln für Düngejauchen, Jauchen von Ackerschachtelhalm, Knoblauch- und Zwiebelschalen vorbeugend gegen Pilzkrankheiten und Rainfarn gegen alle möglichen Schädlinge.
Für den Balkon empfehle ich insbesondere Basilikum und Bohnenkraut. Beide eignen sich nicht nur zum Würzen, sondern man kann aus ihnen auch rasch einen wirksamen Tee gegen Blattläuse herstellen. Dazu nimmt man einen Teelöffel getrocknetes Kraut auf einen Viertel Liter Wasser. Abgekühlt und abgeseiht kann man den Tee entweder gießen oder auch spritzen.

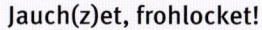

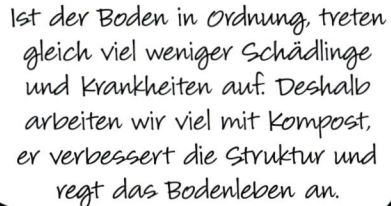

> Ist der Boden in Ordnung, treten gleich viel weniger Schädlinge und Krankheiten auf. Deshalb arbeiten wir viel mit Kompost, er verbessert die Struktur und regt das Bodenleben an.

> Um Nützlinge anzulocken, sollten in jedem Garten auch Blumen und Wildkräuter wachsen. Schwebfliegenlarven zum Beispiel fressen Blattläuse, die erwachsenen Tiere sind auf Nektar und Pollen angewiesen - auch auf die von Unkräutern.

> Wir haben beste Erfahrungen mit dem biologischen Pflanzenschutz gemacht. Eine wichtige Pflanze ist der Rainfarn, wir nutzen ihn gegen alle möglichen Schädlinge und streuen zum Beispiel getrocknete Blüten zwischen die Kulturpflanzen.

Auf Balkonen oder in kleinen Gärten macht man sich mit Jauchen rasch unbeliebt ...

Sr. Christa: Wenn man Steinmehl oder unseren Kompostaktivator zugibt, lässt sich die Geruchsbildung deutlich vermindern oder ganz unterdrücken. Prinzipiell kann man anstelle von Jauchen aber auch Kaltwasserauszüge verwenden. Dazu lässt man das zerkleinerte Kraut 24 Stunden lang im Wasser ziehen und gießt oder spritzt es nach dem Abseihen unverdünnt auf die zu behandelnden Pflanzen. Bei Ackerschachtelhalm, den es geschnitten oder pulverisiert auch fertig zu kaufen gibt, würde es allerdings drei Wochen dauern, bis sich die wertvolle Kieselsäure daraus gelöst hätte. Hier empfehle ich, 250 Gramm frisches Kraut in einem Liter Wasser eine Stunde lang zu kochen und dann abzuseihen.

Welche Rolle spielen Kräuter in der von Ihnen praktizierten Mischkultur?

Sr. Christa: Kräuter halten viele Schädlinge fern, deshalb eignen sie sich gut als Beeteinfassung. Darüber hinaus gibt es einige günstige Kombinationen: Gurken stellen wir zum Beispiel Basilikum zur Seite, um Mehltaupilze möglichst lange fernzuhalten. Möhren säen wir zusammen mit Dill aus, dadurch keimen sie schneller und Möhrenfliegen bleiben fern. Wenn der Dill zu blühen beginnt, ziehen wir ihn aber heraus, damit die Möhren mehr Platz haben.

HERBST

ES WERDE BUNT! DIE NATUR LÄDT ZUM GROSSEN **FINALE**, AUCH IN SACHEN KRÄUTERERNTE. WER JETZT KRÄUTER FÜR DEN WINTER **HALTBAR** MACHT, HAT AUCH AN GRAUEN NOVEMBERTAGEN STETS EINE **PRISE SONNE** ZUR HAND. UND SELBSTVERSTÄNDLICH IST AUCH GEGEN DIE ERSTE ERKÄLTUNG EIN PASSENDES KRAUT GEWACHSEN.

Gepflegt durch den Herbst

Die dritte Jahreszeit ist wunderbar entspannt: Warme Farben, angenehm kühle Nächte und obendrein können auch weiterhin würzige Kräuter geerntet werden – nicht nur aus eigener Anzucht.

Die Bewässerungssituation entspannt sich ab September deutlich, gleichzeitig wachsen die meisten Kräuter fleißig weiter, bis der erste Frost einjährigen Arten den Garaus macht und dauerhaft niedrige Temperaturen mehrjährige Kräuter im Wachstum bremsen. Im Frühjahr geht's aber garantiert weiter, daher kann man jetzt schon Kaltkeimer aussäen. Wer sie nicht im Kühlschrank (→ S. 37), sondern auf herkömmliche Weise zum Keimen animieren möchte – jetzt wäre der richtige Zeitpunkt. Prinzipiell kann man die Samen natürlich einfach ins Freiland, in Frühbeete oder Saatschalen werfen, leicht einharken und den Dingen ihren Lauf lassen. Gefahr droht allerdings von mehreren Seiten. Zum einen von Vögeln und Mäusen, für die nahrhafte Samen ein begehrtes Fressen sind. Hier leisten ein Schutznetz oder Maschendraht gute Dienste. Zum anderen sollten die Samen bis zum Frühjahr weder austrocknen noch ins Schwimmen kommen. Es lohnt sich also, den Blick im Hinblick auf diese Kriterien durch den Garten schweifen zu lassen und die Aussaatgefäße im Zweifel eher gut zugänglich aufzustellen.

Wildkräuter voraus

Zum Ausklang des Kräuterjahres, da der Blick schon ein wenig geschulter ist, begegnet man ihnen auf Schritt und Tritt: Könnte das am Wiesenrand ein wilder Thymian sein? Ist das an der Autobahnausfahrt der trockene Blütenstand einer Königskerze? Und sollte es sich bei dem Gewächs am Bauzaun tatsächlich um Rauke handeln? Und ob, um uns herum sprießen die Kräutlein, dass es nur so eine Freude ist, im nächsten Jahr werden Sie garantiert noch viel mehr entdecken. Und vielleicht sogar gezielt auf Sammeltour gehen: Neben vielen handzahmen Arten, die man auch im durchschnittlichen Gartencenter findet, tummeln sich in den

Wildkräuter wie die Melde peppen den Speisezettel auf.

ZIEGENKÄSEBÄLLCHEN:

* 12 Stängel Dost waschen, 2 Stängel beiseitelegen. Blüten der restlichen Stängel abzupfen und auf einen Teller geben. Schale von 2 Limetten fein abreiben, 2 weitere Limetten dünn abschälen, Schale in breite Streifen schneiden.
* 400 g Ziegenfrischkäse mit Salz, Pfeffer und abgeriebener Limettenschale zerdrücken. Aus der Masse ca. 20 Bällchen formen, dabei jeweils einige Dostblätter als Füllung einarbeiten. Die Dostblüten und 2 EL Senfsamen über die Bällchen streuen und leicht andrücken.
* Frischkäsebällchen mit Limettenschalenstreifen und den beiseitegelegten Doststängeln in ein sauberes Glas geben. Ca. 600 ml Olivenöl darübergießen, 5 EL Kapern hinzufügen. Die Bällchen zugedeckt 2 Tage ziehen lassen.

Gärten, Wäldern und Wiesen zahlreiche essbare Wildkräuter, und zwar häufig noch oder schon zu Zeiten, da man für frisches Grün doppelt dankbar ist. Fest steht, selber sammeln macht riesig Spaß – solange man sich seiner Pflanzen sicher ist. Sich im Erkennen üben kann man zum Beispiel bei geführten Exkursionen, wo es oft auch Tipps zu guten Sammelgründen gibt. Praktisch, denn Autobahnrandstreifen und Bauzäune beispielsweise gehören nicht dazu.

Ab ins Warme

Mehrjährige, aber nicht winterharte Kräuter bereiten sich nun allmählich auf den Umzug auf die Fensterbank oder an einen hellen beziehungsweise dunklen Platz im Treppenhaus oder Keller vor (→ S. 92). Viele Arten vertragen sogar leichte Minusgrade, allerdings sollten Sie das Thermometer im Auge behalten, um gegebenenfalls schnell reagieren zu können. Liegt ein wärmendes Pflanzenvlies bereit, kann man sich zunächst auch damit behelfen, falls man allzu sehr überrumpelt wird. Das Düngen wurde für alle kühl zu überwinternden Arten im Idealfall schon im August eingestellt, andernfalls ist spätestens jetzt die Reißleine zu ziehen. Alle Kräuter, die in der warmen Wohnung weiterwachsen sollen, werden nur noch alle zwei bis drei Wochen gedüngt.

Für deftige Genüsse

Schnitt-Sellerie
Apium graveolens var. *secalinum*

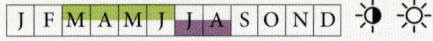 ☽ ☀

Saattiefe: 0 cm | Pflanzabstand: 45 x 45 cm

Wuchs: Die meist zweijährige Pflanze bildet rosettenartig angeordnete, locker-buschig wachsende Blätter und trägt im zweiten Jahr weiße Blütendolden.
Pflege: Bevorzugt nährstoffreiche, humose, frische Erde. Regelmäßig gießen und düngen. Lichtkeimer, bei der Aussaat ab März auf der Fensterbank oder ab Mai im Freiland die Samen nur andrücken.
Verwendung: Die Blätter dienen als Gewürz. Bei der Ernte die Herzblätter verschonen, damit die Pflanze wieder neue Blätter treiben kann.

Majoran
Origanum majorana

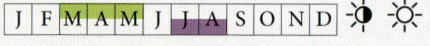 ☽ ☀

Saattiefe: 0 cm | Pflanzabstand: 25 x 25 cm

Wuchs: In geschützten Lagen oder bei Überwinterung im Haus mehrjährig. Majoran wird 40–80 cm hoch, etwa 25 cm breit, wächst kompakt-buschig und trägt ab Juli weiße Blütchen über dem teils zart behaarten grünen Laub.
Pflege: Gedeiht in humus- und nährstoffreichem, eher trockenem als frischem Boden, bei warmem Stand auch im Halbschatten. Vermehrung über Aussaat auf der Fensterbank (Achtung, Lichtkeimer!), aber auch über Absenker möglich.
Verwendung: Für Eintöpfe sehr beliebt.

Berg-Bohnenkraut
Satureja montana

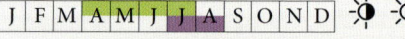 ☽ ☀

Saattiefe: 0 cm | Pflanzabstand: 40 x 40 cm

Wuchs: Breit-buschig mit aufrechten, 15–40 cm hohen Trieben. Ab August viele weiße bis kräftig rosafarbene Blütchen.
Pflege: Kräutererde. Regelmäßig, aber zurückhaltend gießen. Je mehr Sonne, desto aromatischer sind die Blätter. Für kompakten Wuchs regelmäßig zurückschneiden. Vermehrung über Aussaat, Stecklinge oder Absenker.
Verwendung: Triebspitzen als Gewürz; passt – Name! – gut zu Bohnengerichten. Attraktiv als Einfassungspflanze, im Steingarten oder in Töpfen.

■ = Voranzucht und Aussaat   ■ = Blütezeit   ☀ Sonne   ☽ Halbschatten   ● Schatten

Kümmel
Carum carvi

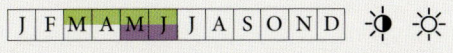

Saattiefe: 0 cm | Pflanzabstand: 30 x 30 cm

Wuchs: Im ersten Jahr wird die Blattrosette aus gefiedertem Laub gebildet, im Folgejahr treibt die zweijährige Pflanze ab Mai bis zu 120 cm hohe Stängel mit weißen Doldenblüten.
Pflege: Humoser, nährstoffreicher, nicht zu trockener Boden. Regelmäßig gießen und düngen. Vermehrung über Aussaat.
Verwendung: Die getrockneten, intensiv schmeckenden Samen werden deftigen Speisen zugesetzt. Sie wirken verdauungsfördernd. Auch das eher milde Kraut eignet sich als Gewürz.

Oregano, Dost
Origanum vulgare

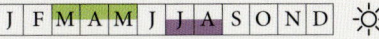

Saattiefe: 0 cm | Pflanzabstand: 30 x 30 cm

Wuchs: Locker bis kompakt-buschig. Die Staude wird 30–100 cm hoch und bis zu 60 cm breit. Über dem frischgrünen Laub erscheinen ab Juli rosafarbene bis violette Blüten. Sehr winterfest.
Pflege: Durchlässiger, magerer Boden. Wenig gießen. Vermehrt wird über Teilen oder Aussaat (Lichtkeimer!) – ab Mai direkt ins Freiland.
Verwendung: Blätter, Stiele und Blüten als Küchen- und Teekraut. Zu empfehlen sind die Unterart *Origanum vulgare* spp. *hirtum* (»Pizza-Oregano«) und Sorten wie 'Aromatico' oder 'Hot and Spicy'.

Dill
Anethum graveolens

Saattiefe: 0 cm | Pflanzabstand: 25 x 25 cm

Wuchs: Die zartblättrigen Einjährigen werden je nach Sorte 50–100 cm hoch und 20 cm breit. Ab Juli zeigen sich gelbe Doldenblüten. Für die Topfkultur ist die kompakte Sorte 'Fearnleaf' gut geeignet.
Pflege: Mag nährstoffreiche Erde mit gutem Wasserabzug. Regelmäßig gießen und düngen. Kraut laufend ernten, Schoten, wenn sie sich bräunlich färben. Der Pflanzenfuß darf gern beschattet werden.
Verwendung: Neben dem Kraut verwendet man die Samen zum Würzen, etwa für Einlegegurken, Mixed Pickles und Brot.

Aroma auf Vorrat

Liebe geht durch den Magen – auch die Kräuterliebe. Zum Glück lassen sich die meisten Kräuter prima haltbar machen, so ist auch außerhalb der Saison immer genügend Nachschub zur Hand.

Info

Geerntete Kräuter am besten in einem Korb oder zur Not in einem Stoffbeutel transportieren, in Plastiktüten bildet sich Schwitzwasser.

Die einfachste und mit Abstand am häufigsten angewendete Methode, um Kräuter längere Zeit haltbar zu machen, ist das Trocknen. Hierfür kann man zum Beispiel ein Kuchenabkühlgitter oder einen gekauften oder selbst gebauten Trocknungsrahmen verwenden. Zum Aufstellen ist ein halbschattiger oder schattiger, warmer und luftiger Platz optimal. Auf Schnellvarianten besser verzichten: In der prallen Sonne, in

Ein Ast, ein Stück Schnur, fertig ist das Trockengestell für die Kräutersträußchen.

kalter Zugluft oder im Backofen büßen die Kräuter an Qualität ein, und das wäre wirklich schade. Am besten nur so viele Kräuter auf einmal ernten, dass sie locker auf dem Gitter ausgebreitet werden können, sonst kommt man in Versuchung, sie zu eng zu packen, und handelt sich womöglich Schimmelpilze ein. (Möglicherweise anhaftende Pilzsporen sind übrigens der Grund, weshalb auch bei gekauften Teekräutern ausdrücklich das Überbrühen mit sprudelnd kochendem Wasser empfohlen wird.)

Je nachdem, welche Kräuterarten und welche Mengen zu verarbeiten sind, können Sie entweder ganze Triebe zum Trocknen auslegen oder die Blätter vorher mit der Hand entgegen der Wuchsrichtung von den Stängeln streifen. Letzteres ist insofern von Vorteil, da sonst ein Teil der Inhaltsstoffe von den Blättern in die Stängel zurückverlagert wird. Allerdings sollten die Blätter selbst gleichzeitig möglichst intakt bleiben, da jede Verletzung zu Wirkstoffverlusten führt. Entscheiden Sie also im Einzelfall. Die nadelartigen Rosmarinblätter beispielsweise lassen sich meist recht gut abstreifen, ohne dabei Schaden zu nehmen. Bei Thymian wäre das Abstreifen im frischen Zustand eine irre Fuzzelarbeit – wir verzichten dankend. Wer Zeit für eine kleine Arbeitsmeditation und nur kleinere Mengen zu verarbeiten hat,

Klein gehackt und portionsweise eingefroren: So steht immer gleich frisches Grün in der Küche zum Würzen bereit.

Kräutersalz ist delikat, schnell gemacht und ein prima Mitbringsel für Freunde.

kann sich natürlich auch die Mühe machen, etwa die Blätter der Pfefferminze einzeln abzuzupfen und zum Trocknen auszubreiten – alle anderen ignorieren einfach, dass sich ein paar Quäntchen Aroma in die Stängel verflüchtigt haben, und lassen sich den Tee oder Sonstiges trotzdem schmecken.

Zusammen abhängen

Ausgesprochen dekorativ sieht es aus, wenn Kräuterbündel kopfüber von einer gespannten Schnur baumeln. Dazu sollte man das geschnittene Kraut vorher allerdings schon etwas antrocknen lassen. Ist es bereits gut trocken, aber noch flexibel, werden kleine (!) Sträußchen daraus gebunden.
Übrigens: Kräuter vor dem Trocknen zu waschen, erschwert die Angelegenheit natürlich deutlich oder macht sie ganz unmöglich – der Versuch, vollgesogene Kamillenblüten auf schonende Weise ohne Schimmel oder

Fäulnis wieder trocken zu bekommen, ist zum Scheitern verurteilt. Da man Kräuter aber ohnehin nur von unbelasteten Flächen ernten sollte, reicht leichtes Ausschütteln, um anhaftenden Staub und Insekten loszuwerden, in der Regel auch aus.

Glück in Dosen

Sobald die Kräuter verheißungsvoll rascheln, sollten sie in geeignete Behältnisse gefüllt werden, sonst verlieren sie an Aroma und werden zu Staubfängern, die niemand mehr in seinem Tee oder Salat haben möchte. Auch für getrocknete Samen und Wurzeln gilt: nicht lange offen herumstehen lassen. Optimale Behältnisse sind braune Apothekergläser oder Porzellangefäße, denn sie sind geschmacksneutral und schützen den Inhalt vor zu viel Licht. Wenn die Behälter anschließend, wie es sich empfiehlt, kühl und dunkel stehen, können Sie auch

durchsichtige Schraubgläser verwenden. Wer Metalldosen verwenden möchte, sollte auf rostfreie, lebensmittelechte Varianten achten. Da ganze getrocknete Triebe viel zu viel Platz wegnehmen, streift man die trockenen Blätter vor dem Einlagern ab. Weiteres Zerkleinern spart man sich im Idealfall und zerkrümelt die Kräuter stattdessen erst direkt vor der Verwendung.

Apropos Genuss: Einige Gewürze wie Kümmelsamen entfalten ihr Aroma angeröstet besonders gut, Rosmarin, Salbei und andere eher »harte« Blätter dürfen ebenfalls ruhig ein Weilchen mitköcheln – gerne auch als ganzer Zweig, dann stört sich später niemand an noch bissfesten Stückchen. Alle frischgrünen Kräuter wie Basilikum, Schnittlauch, Petersilie, Borretsch oder Dill sollten hingegen erst kurz vor dem Servieren hinzugefügt werden.

> Wurzeln nach der Ernte abbürsten, waschen und – in Stücke geschnitten – bei maximal 55 °C im Backofen oder in einem Dörrapparat trocknen lassen.

Kleine Kräutermengen trocknen auch auf einem Kuchengitter aus Metall prima.

Einfach cool bleiben

Auch wenn man allerorten auf getrocknete Petersilie, Schnittlauchröhrchen und ähnliche Grausamkeiten trifft: Wer nicht nur sehen, sondern auch schmecken möchte, was da im Dressing vor sich hin dümpelt, lässt frischgrüne Kräuter nicht derart würdelos enden. Stattdessen machen wir uns die Vorzüge der modernen Technik zunutze und lassen den Gefrierschrank das Konservieren übernehmen. Gehackt und tiefgekühlt bewahren empfindsame Kräutlein ihr Aroma nämlich ziemlich gut. Wenn man sie dann auch noch portionsweise einfriert, entgeht man dem Problem, dass gleich die ganze Charge antaut, wenn man nur geringe Mengen Kräuter benötigt. Tipp: Eiswürfelbehälter sind extrem hilfreich. Man kann darin mit etwas Wasser nicht nur attraktive essbare Blüten für die Cocktailparty einfrieren, sondern auch ganz normale Küchenkräuter. Auch Kräuterbutter oder mit etwas Öl pürierte Kräuter lassen sich auf diese Weise haltbar machen.

Augenschmaus und Gaumenfreude

Besonders hübsch anzusehen sind Kräuter, die mithilfe von Salz, Zucker, Essig oder Öl haltbar gemacht wurden. Kräutersalze und -zucker lassen sich am einfachsten mit bereits getrockneten Kräutern mischen, es geht aber auch mit Frischware. Bei Blättern und Blüten mit geringem Wassergehalt wie etwa von Thymian und Rosmarin können Sie 150 Gramm Salz oder Zucker auf einen Esslöffel Kräuter rechnen. Bei wasserhalti-

KERBELÖL:

Dieses tolle aromatisierte Öl passt sehr gut zu Salaten und verleiht Fisch- und Geflügelgerichten das gewisse Etwas.

* Einen Bund Kerbel abbrausen, trocken tupfen und grob hacken. 200 ml Oliven- oder Rapsöl in einem Topf leicht erwärmen. Den Kerbel zum Öl geben und darin ca. 15 Minuten ziehen lassen. Anschließend fein pürieren und durch ein feines Sieb gießen. Mit weiteren 300 ml Öl auffüllen und in vorbereitete Flaschen oder Gläser gießen, abkühlen lassen.
* Gut verschlossen hat das Öl im Kühlschrank eine Haltbarkeit von mindestens 8 Wochen.

geren Kräutern wie Petersilie sollten Sie nur dünne Schichten zwischen deutlich dickere Salzlagen packen, damit nichts gammelt. Die Feuchtigkeit der Kräuter spielt auch bei Kräuteressig und -öl eine große Rolle. Wurden Rosmarin, Chilischoten oder sonstige Zutaten vor der Verwendung gewaschen, müssen sie in jedem Fall gut abgetrocknet sein, ehe sie in die vorgesehenen Flaschen kommen. Nachdem die Flaschen mit Öl aufgefüllt wurden (dabei nicht an der falschen Stelle sparen, wenn schon Gourmet, dann richtig), kommen sie an einen dunklen, kühlen Platz. Nach zwei Wochen Ziehzeit ist das Gewürzöl fertig und kann durch ein Sieb abgeseiht werden.

Süßer Sirup

Kräuter kann man auch trinken, zum Beispiel in Form eines feinen Sirups. Dazu übergießen Sie zwei Handvoll Kräuter mit einem Liter kochendem Wasser und lassen sie circa 20 Minuten ziehen. Danach abseihen und den Sud mit einem Kilogramm Zucker unter Rühren so lange köcheln lassen, bis er sirupartig eindickt. In saubere, heiß ausgespülte Flaschen füllen, verschließen und fünf Minuten kopfüber aufstellen. Geschmacklich auf der sicheren Seite ist man mit »einkräutrigen« Ansätzen, zum Beispiel aus Zitronenmelisse, Zitronenverbene oder Minze. Aber gerade das Experimentieren mit Mischungen hält manch köstliche Überraschung bereit.

Herbstliches Soul-Food

Für deftige Genüsse braucht es kein Oktoberfest. Wind, Regen und bunt verfärbtes Laub reichen vollkommen aus, um die Lust auf herzhafte Speisen zu wecken – natürlich mit leckeren Kräutern.

BERGKÄSESUPPE

mit Balsamico-Cranberrys

Für 4 Portionen | Zubereitungszeit: ca. 30 Min.

Für die Balsamico-Cranberrys: 250 g Cranberrys (frisch oder TK) * 2 EL Aceto balsamico * 2 EL Ahornsirup oder Honig * 4 EL roter Portwein oder roter Traubensaft * ½ TL Chiliflocken

Für die Suppe: 1 kleine Zwiebel * 1 kleine Knoblauchzehe * 2 EL Butter * 1 EL Weizenmehl * 100 ml trockener Weißwein (ersatzweise 100 ml Wasser + 1 EL Zitronensaft) * 600 ml Gemüsebrühe * 250 g Sahne * 125 g Bergkäse * 125 g Emmentaler * Salz * schwarzer Pfeffer * geriebene Muskatnuss

Außerdem: 1 EL Majoranblättchen * nach Belieben Sauerteig- oder Vollkornbrot

1. Für die Balsamico-Cranberrys die Cranberrys in ein Sieb geben, kalt abbrausen und abtropfen lassen. Balsamico, Ahornsirup oder Honig, Portwein oder Saft, Chiliflocken und Cranberrys in einen kleinen Topf geben und aufkochen. Dann 2 Min. bei mittlerer Hitze kochen lassen, vom Herd nehmen und abkühlen lassen.

2. Für die Suppe Zwiebel und Knoblauch schälen und fein hacken. Die Butter in einem großen Topf erhitzen und Zwiebel und Knoblauch darin glasig dünsten. Das Mehl darüberstäuben, unterrühren und die Mischung mit Weißwein ablöschen. Gemüsebrühe und Sahne dazugießen. Alles einmal aufkochen, die Hitze reduzieren und die Flüssigkeit ca. 5 Min. einkochen lassen.

3. Inzwischen den Käse fein reiben. Den Käse in die Suppe rühren, bis er sich aufgelöst hat. Die Suppe mit Salz, Pfeffer und geriebener Muskatnuss abschmecken und zugedeckt warm halten.

4. Den Majoran grob hacken. Die heiße Suppe auf Teller verteilen. Die Balsamico-Cranberrys auf die Suppe geben und mit Majoran bestreuen, das Brot dazu reichen.

ZIEGENKÄSEGNOCCHI

mit Fenchelgemüse

Für 4 Portionen | Zubereitungszeit: ca. 1 Std.

Für die Gnocchi: Salz * 75 g Parmesan (am Stück)
* 500 g Ziegenfrischkäse * 2 Eigelb (Größe M)
* 1 TL abgeriebene Bio-Zitronenschale * schwarzer Pfeffer
* 125 g Weizenmehl (Type 405)

Für das Fenchelgemüse: 500 g Fenchel * 3 rote
Zwiebeln * je 2 TL Fenchel- und Kreuzkümmelsamen
* ½ Granatapfel * 2 EL Olivenöl * 1 Bio-Zitrone * 3 EL Pastis
(nach Belieben) * 1–2 TL Chiliflocken

Außerdem: Weizenmehl zum Verarbeiten
* 2 EL Olivenöl * 2 EL Maisgrieß

1. Für die Gnocchi in einem großen Topf reichlich Salzwasser aufkochen. Den Parmesan reiben. Die Flüssigkeit vom Ziegenfrischkäse abgießen. Frischkäse mit Parmesan, Eigelben, Zitronenschale, ¾ TL Salz und Pfeffer in einer Schüssel gut verrühren. Das Mehl hinzufügen und kurz unterrühren, bis alles gut vermischt ist. Die Arbeitsfläche mit Mehl bestäuben. Die Hälfte des recht weichen Teiges daraufgeben und rasch zu einer ca. 2 cm dicken Rolle formen. Die Rolle mit einem bemehlten Messer in fingerdicke Scheiben schneiden.
2. Die Gnocchi ins kochende Wasser gleiten lassen. Sobald sie an der Oberfläche schwimmen, die Hitze reduzieren und die Gnocchi im leicht siedenden Wasser in ca. 2 Min. gar ziehen lassen. Die fertigen Gnocchi mit einer Schaumkelle herausheben und in einem weiten Sieb abtropfen lassen. Mit dem übrigen Teig genauso verfahren. Die fertigen Gnocchi zum Trocknen auf ein sauberes Küchentuch legen. Fürs spätere Anbraten sollten sie trocken sein, sonst kleben sie am Pfannenboden fest.
3. Für das Fenchelgemüse Fenchel putzen und waschen. Fenchelgrün abzupfen und beiseitelegen. Fenchelknollen längs halbieren, Strunk entfernen und Fenchel quer in feine Scheiben schneiden. Zwiebeln schälen und in dünne Spalten schneiden. Fenchel- und Kreuzkümmelsamen im Mörser grob zerstoßen. Kerne aus Granatapfel lösen.
4. In einer Pfanne 2 EL Olivenöl erhitzen. Fenchel und Zwiebeln darin ca. 5 Min. bei mittlerer Hitze anbraten. Zitrone heiß waschen, Schale fein abreiben und Saft auspressen. Saft und Schale mit den gemörserten Gewürzen zum Fenchel geben, nach Belieben Pastis oder 3 EL Wasser dazugießen. Gemüse mit Salz und Chiliflocken würzen und weitere ca. 5 Min. dünsten, bis der Fenchel bissfest ist. Zugedeckt bis zum Genuss warm halten.
5. In einer zweiten Pfanne 2 EL Olivenöl erhitzen, Gnocchi mit Maisgrieß bestreuen, kurz anbraten. Gnocchi und Gemüse auf Teller geben, mit Granatapfelkernen garnieren.

Ein Kraut für alle Fälle

Ob als Teemischung, Salbe, Tinktur oder als duftende Badekugel: Kräuter eignen sich für viele medizinische und kosmetische Anwendungen und machen schon bei der Vorbereitung richtig gute Laune.

> Feste Rituale verstärken die entspannende Wirkung der Kräuter, etwa das Auflegen von getrocknetem Rosmarin auf glimmende Räucherkohlen.

Das eine Kraut für alle Fälle gibt es nicht. Entsprechend angepriesene Pflänzchen, dank derer sich alle Probleme in Luft auflösen sollen, entpuppen sich leider als Blender. In der Mehrzahl und auf eine spezielle, klar definierte Situation bezogen können Kräuter aber tatsächlich viele gesundheitliche Probleme lösen oder ihrem Entstehen erfolgreich vorbeugen.

Während in der Pflanzenheilkunde bewanderte Frauen noch vor wenigen Jahrhunderten in steter Furcht vor dem Scheiterhaufen leben mussten, erfahren Heilkräuter und diejenigen, die sich mit ihrem Gebrauch auskennen, heute erfreulicherweise eine deutlich gestiegene Wertschätzung. Leider geht diese Wertschätzung gleichzeitig immer wieder mit Fehleinschätzungen einher, was die Kraft der Kräuter betrifft, und zwar mit »Ausschlägen« in beide Richtungen: Die einen trauen Kräutern einfach alles zu. Die anderen schätzen Kräuter zwar ebenfalls, unterschätzen aber ihre Wirkung, da es sich ja »nur« um natürliche Inhaltsstoffe handelt. Beides birgt Gefahren, auf die einen jeder Hausarzt gerne hinweist, so man ihn denn zurate zieht. Und eben diese Rückfrage ist empfehlenswert, sobald man etwas vorhat, was über die Tasse Genusstee oder das Kamillenblütendampfbad hinausgeht. Denn so alt die Weisheit auch sein mag, sie ist so richtig wie eh und je: »Die Dosis macht das Gift.« Man könnte noch ergänzend hinzufügen: Und die Umstände, in denen man die jeweilige Arzneidroge zu sich nimmt– denn darum handelt es sich bei allen Pflanzen, die arzneilich wirksame Inhaltsstoffe in entsprechender Höhe aufweisen.

Von Wirkung und Nebenwirkung

Ein paar kleine Beispiele: Johanniskraut wird seit Jahren als wunderbarer Stimmungsaufheller gepriesen. Dummerweise kann es aber auch die Wirksamkeit hormoneller Verhütungsmittel und diverser wichtiger Medikamente beeinflussen – und dann sind Stimmungsschwankungen garantiert. Vorsicht ist bei dem Gebrauch von Johanniskraut auch während einer Schwangerschaft

Hochwirksame Kräuter wie das Johanniskraut bitte nur mit Bedacht anwenden!

geboten, denn die gelb blühende Staude wurde in früheren Zeiten unter anderem als Abtreibungsmittel eingesetzt.

Vorsicht ist die Mutter der Porzellankiste

Ob gewollt oder ungewollt, auch werdende und frischgebackene Mütter sollten mit Kräutern ausgesprochen vorsichtig umgehen, selbst mit Arten, die eher im Gewürzsektor verortet werden. Wirkstoffe der Petersilie können in hohen Dosen ebenfalls den Fötus gefährden, während Salbei und Pfefferminze bei stillenden Müttern zum Versiegen des Milchflusses führen können. Und Kamille, ein scheinbares Allerweltsteekraut, kann bei dauerhaftem Genuss die Magenschleimhaut reizen, statt sie zu beruhigen. Von Augenbehandlungen mit Kamille sollte man aufgrund der austrocknenden Wirkung – nicht nur bei Schwangeren und Müttern – ohnehin absehen, obwohl diese immer wieder empfohlen werden.

Vorsicht ist auch bei »Grünen Smoothies« angebracht, da hier Zutaten wie der oxalsäurehaltige Sauerampfer in Mengen aufgenommen werden können, auf die man durch normales Essen in der Regel nicht käme.

All das soll niemandem die Begeisterung für Kräuter und ihre segensreichen Inhaltsstoffe nehmen, sondern schlicht das Bewusstsein dafür schärfen, sich in Schulungen intensiv mit der Materie zu befassen und eben durchaus auch den Arzt des Vertrauens hinzuzuziehen, ehe Selbstversuche am Ende negative gesundheitliche Folgen haben. Denn Kräuter haben Kraft.

Der oft lästige Giersch kann auch anders, nämlich als leckerer Smoothie.

Zum Räuchern eignen sich zum Beispiel Lavendel, Salbei, Lorbeer und Zitronengras.

Kräuter für den Alltag

Wer auf sein Bauchgefühl vertraut und es mit einer Portion gesundem Menschenverstand kombiniert, wird bei der alltäglichen Verwendung von Heil- und Gewürzkräutern in der Regel keine Probleme haben. Petersilienkartoffeln sind auch in der Schwangerschaft kein Problem, die antibakterielle Wirkung von Salbeitee kann man sich außerhalb der Stillzeit bei Halsschmerzen und Entzündungen im Mund- und Rachenraum zunutze machen (getrunken, zum Gurgeln oder als Mundspülung) und ein entspannendes Melissenbad samt passendem Tässchen Tee muss sich niemand verwehren. Auch die magen- und darmberuhigende Wirkung von Kümmel, Liebstöckel, Fenchel und Kamille kann man sich zunutze machen, indem man die entsprechenden Gewürze dem Essen zusetzt oder im Anschluss eine Tasse Tee genießt, selbiges gilt für die Anwendung von Thymian, Dost und Anis bei Erkältungskrankheiten oder von Pfefferminze und Zitronenmelisse bei Kopfschmerzen. Von Langzeitteekuren in Eigenregie sollte man aber absehen oder sie mit dem Arzt abstimmen. Übrigens: Kräuterschnaps mundet vielen Zeitgenossen gar vorzüglich, wer sich bei dieser »medizinischen Anwendung« jedoch auf die verdauungsfördernde Wirkung berufen möchte – die ist beim gleichen Kräutermix in Teeform wesentlich effektiver.

Die Macht der Düfte

Haben Sie sich im Einführungstext gefragt, was um alles in der Welt das limbische System sein soll? Dann kommt hier die Auflösung. Das limbische System hat viele Aufgaben, unter anderem ist es vereinfacht gesagt der Regulator unserer Emotionen und eng verknüpft mit dem Lern- und Erinnerungsvermögen. Evolutionsgeschichtlich ist es uralt – kein Wunder, denn es ist hocheffektiv und ermöglicht uns, Sinneseindrücke blitzschnell zu erfassen, zu bewerten und entsprechend zu reagieren. Gut so, denn wenn der Säbelzahntiger im Anmarsch war, konnte jedes Zaudern das Leben kosten. Genau genommen waren die Chancen auch dann nicht wesentlich besser, wenn die Miezekatze bereits in Sichtweite war. Wohl dem also, der schon beim beißenden Geruch am Höhleneingang stoppte und sich die Erkundungstour verkniff. Der Geruchssinn ist, obwohl wir ihn meist eher als netten Zusatz-

Kleine Duftsäckchen mit Lavendel verhindern Motten im Kleiderschrank.

Schnell gemacht

RINGELBLUMENSALBE:

* Eine saubere dunkle Glasflasche mit abgezupften Blütenblättern der Ringelblume füllen.
* Kalt gepresstes Pflanzenöl hinzufügen (z. B. Oliven- oder Sonnenblumenöl), bis die Blütenblätter gut bedeckt sind.
* Die Flasche auf eine sonnige Fensterbank stellen und 3-4 Wochen ziehen lassen.
* Das Öl abseihen. Es kann pur als Pflegemittel für raue Haut verwendet oder weiterverarbeitet werden.
* Für die Salbe ein Töpfchen voll Öl sanft erhitzen und auf 100 ml Öl je 10 g Bienenwachspellets aus der Apotheke zugeben. Anschließend abfüllen und bei Sonnenbrand, Abschürfungen und anderen oberflächlichen Hautverletzungen einsetzen.

sinn empfinden, solange er intakt ist, von allen Sinneseindrücken derjenige, der am unmittelbarsten auf uns wirkt. Jeder kennt bestimmte Gerüche, die unmittelbar Bilder aus der Kindheit aus der Erinnerung aufsteigen lassen – Rosenduft erinnert vielleicht an den Garten der Großmutter, Pfefferminze an die Klassenfahrt in der Teenagerzeit und Rosmarin an den ersten Toskanaurlaub als Paar. Kräuter bieten über diesen individuellen Aspekt hinaus aber noch mehr, denn viele Arten wirken schon allein durch ihren Geruch beruhigend (z. B. Lavendel, Melisse und Kamille), ausgleichend (z. B. Zitronengras, Rose und Duftgeranie) oder anregend (z. B. Rosmarin, Oregano und Zitrus).

Nutzen kann man diesen Effekt beispielsweise durch wohlriechende Potpourris oder Aromalämpchen, auch das kleine Lavendelduftkissen unter dem Kopfkissen hat seine Berechtigung, denn die ätherischen Öle können beim Einschlafen helfen. Vorausgesetzt natürlich, man mag das intensive Aroma und empfindet es nicht als aufdringlich. Kleidermotten etwa würden sich definitiv dagegen entscheiden, wenn sie eine Wahl hätten. Haben sie aber nicht, wenn wir ihnen im Kleiderschrank mit Lavendelsäckchen zu Leibe rücken, ergo machen sie sich lieber schnell aus dem Staub. Eine echt dufte Wirkung, die Sie auch mit Minze, Rosmarin oder Waldmeister erzielen können.

Wellnesskräuter

Neben ihrer Duftwirkung besitzen viele Kräuter Eigenschaften, die man sich bei der Hautpflege zunutze machen kann. Salbei etwa wirkt antibakteriell und adstringierend, zieht also die Poren zusammen, und kann im Rahmen einer Gesichtsmaske zum Einsatz kommen. Dazu vermengt man etwa 15 Gramm getrocknetes Kraut mit einem geriebenen Apfel und zwei Esslöffeln Honig. Diese Mischung wird nun – unter Aussparung der Augen – auf die Haut aufgetragen. Jetzt 15 Minuten einwirken lassen und anschließend mit reichlich lauwarmem Wasser wieder abwaschen.

Ein Gesichtsdampfbad mit vier Esslöffeln getrockneter Kamille, Ringelblume, Salbei oder Pfefferminze (einzeln oder als Mischung) je Liter kochendes Wasser erfrischt und verfeinert das Hautbild. Legen Sie sich am besten ein Handtuch über den Kopf, wenn Sie sich über die Schüssel mit dem heißen Wasser beugen, dann wirkt das Dampfbad besonders gut. Übrigens: Auch der Nasen-Rachen-Raum freut sich über die warmfeuchte Luft und die ätherischen Öle. Fettige Haut profitiert von einem Rosmarin- Gesichtswasser, hergestellt aus einem konzentrierten Aufguss. Dazu kochen Sie eine Tasse Wasser mit einer Handvoll grob gehackter Blätter auf und lassen die Mischung fünf Minuten köcheln. Danach stellen Sie den Sud zum Abkühlen beiseite und seihen ihn durch ein Tuch ab. Das Gesichtswasser hält, in einer sauberen dunklen Flasche im Kühlschrank aufbewahrt, etwa fünf Tage.

Info

Auch Kräuter können allergische Hautreaktionen auslösen. Allergiker sollten daher geplante kosmetische Behandlungen mit ihrem Arzt abklären.

Für ein belebendes Fußbad Rosmarin überbrühen und 20 Min. ziehen lassen.

Relaxzone Badezimmer: Für ein entspannendes Bad am Abend sind Lavendel und Melisse besonders gut geeignet.

Schnell gemacht

LAVENDEL-BADEBOMBEN:

Zutaten für das prickelnde Badevergnügen

* 280 g Natron (zu finden im Backregal im Supermarkt)
* 150 g Zitronensäure in Pulverform (gibt's in der Drogerie bei den Reinigungsmitteln) * 80 g Speisestärke (ebenfalls aus der Backabteilung) * 100 g Kokosöl oder Kakaobutter (in der Apotheke oder als günstigere Variante Kokosfett aus dem Supermarkt) * 10 g Lavendelöl * 15 g Mulsifan (aus der Apotheke oder dem Reformhaus) * 2 Handvoll getrocknete Lavendelblüten oder einige ganze getrocknete Blütenstände * Kunststoffkugel aus dem Bastelbedarf, die sich in zwei Hälften teilen lässt (Sie können die Kugeln auch zwischen den Handflächen formen)

1. Mischen und formen

Mischen Sie alle trockenen Zutaten, also Natron, Zitronensäure und Speisestärke. Bringen Sie das Pflanzenfett zum Schmelzen, geben Sie das ätherische Öl und Mulsifan hinzu. Der Kaltemulgator sorgt dafür, dass sich Öl und Wasser in der Badewanne mischen. Ohne ihn schwimmt das Öl in der Wanne obenauf und hinterlässt beim Ablaufen eine dicke Ölschicht. Die Masse mit den Händen zu gleichmäßigen Kugeln formen oder die beiden Hälften einer Kunststoffkugel mit der Masse füllen und dann fest aneinanderdrücken.

2. Feinarbeiten

Die noch feuchten Kugeln vorsichtig in getrockneten Lavendelblüten wälzen und ein paar abgeknipste Blütenstände leicht in die jetzt noch formbare Masse hineindrücken. Die Badebomben auf Backpapier legen und mindestens einen Tag trocknen lassen. Jetzt kann losgesprudelt werden!

Ein Tee für alle Fälle

Echte Katzenminze

Nepeta cataria

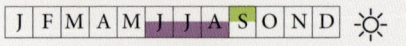

J F M A M J J A S O N D ☼

Saattiefe: 0,5 cm | Pflanzabstand: 30 x 30 cm

Wuchs: Ein silbriger Flaum bedeckt Blätter und Stiele der 50–100 cm hohen Stauden. Die violett überhauchten Blüten stehen in lockeren Rispen zusammen.
Pflege: Magerer, trockener Boden bekommt ihr am besten. Sehr trockenheitsverträglich. Nach der Blüte kräftig stutzen. Über Samen (Licht- und Kaltkeimer!), Stecklinge oder Teilung vermehren.
Verwendung: Empfehlenswert ist vor allem *N. cataria* spp. *citriodora*. Sie ist sehr viel aromatischer als Zitronenmelisse, auch nach dem Trocknen.

Großblütige Bergminze

Calamintha grandiflora

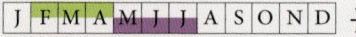

J F M A M J J A S O N D ◑ ☼

Saattiefe: 0,5 cm | Pflanzabstand: 30 x 30 cm

Wuchs: Im Gegensatz zu den meisten Minzen (*Mentha*-Arten) wuchert Bergminze nicht, sondern wächst horstartig. Die 20–50 cm hohe Staude schmückt sich mit frischgrünen gezähnten Blättern und bis zu 4 cm großen rosavioletten Lippenblüten. Die Sorte ‘Variegata’ trägt grün-weiß geflecktes Laub.
Pflege: Braucht durchlässigen, nicht zu trockenen Boden. Rückschnitt nach der Blüte. Vermehrung über Samen, Stecklinge oder Teilung.
Verwendung: Als Zierpflanze und Teekraut, auch für Kräuterlikör.

Echte Kamille

Matricaria recutica

J F M A M J J A S O N D ☼

Saattiefe: 0 cm | Pflanzabstand: 20 x 20 cm

Wuchs: Die Einjährige mit dem feinen Kraut und den Korbblüten wird 40–50 cm hoch. ‘Bodegold’ und ‘Goral’ sind großblütig und reich an ätherischen Ölen.
Pflege: Der Lichtkeimer wird im Frühling (oder im August fürs nächste Jahr) ins Freiland in nährstoffreichen, durchlässigen Boden gesät. Versamt sich selbst.
Verwendung: Für Bäder, Naturkosmetik und zum Inhalieren. Tee aus frischen oder getrockneten Blüten (oder Kraut) beruhigt Magen, Darm und Nerven. Beugt Umfallkrankheiten (→ S. 20) vor.

■ = Voranzucht und Aussaat ■ = Blütezeit ☼ Sonne ◑ Halbschatten ● Schatten

Zitronenmelisse
Melissa officinalis

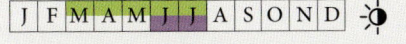

Saattiefe: 0,5 cm | Pflanzabstand: 40 x 40 cm

Wuchs: 50–120 cm hohe, nicht wuchernde Staude mit zartrosa Blüten. Die Sorte 'Binsuga' ist besonders aromatisch, 'Aurea' im Austrieb gelbgrün.
Pflege: Ein warmer Platz mit leicht feuchtem Boden ist perfekt. Vermehrung durch Teilen, Absenker, Stecklinge, seltener über Aussaat ab April in Schalen im Freiland (keine Direktsaat!). Nach der Blüte um ein Drittel stutzen – fördert kompakten Wuchs, verhindert Versamen.
Verwendung: Als Tee, in Saucen, Salat und allem, was Zitrusaroma verträgt. Frisch oder nur kurz erwärmt verwenden.

Kardamom
Elettaria cardamomum

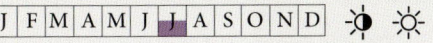

Saattiefe: – | Pflanzabstand: 40 × 40 cm

Wuchs: Die dekorativen Blätter des Malarbar-Kardamoms duften bei Berührung leicht nach Zimt. Wird bei Kultur im Kübel 50–120 cm hoch und 50–80 cm breit. Blüten und Früchte sind in unseren Breiten die Ausnahme.
Pflege: In normale Blumenerde setzen, regelmäßig gießen und düngen. Reagiert empfindlich auf Staunässe und trockene Heizungsluft. Über Teilung vermehren.
Verwendung: Kübelpflanzen bringen nur selten die aromatischen Samen hervor, aber die Blätter eignen sich für Teemischungen sowie Kochexperimente.

Griechisches Bergkraut
Sideritis syriaca

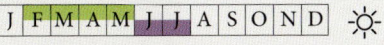

Saattiefe: 0,5 cm | Pflanzabstand: 30 x 30 cm

Wuchs: Die grau behaarten Blätter erinnern an Woll-Ziest. Attraktive gelbe, stängelumfassend angeordnete Blüten. Wird bis zu 25 cm hoch.
Pflege: Liebt Trockenheit, Wärme und mit Kies durchsetzten Boden. Staunässe vermeiden. Winterschutz notwendig. Vorkultur bis Ende April. Auch durch Teilen des Wurzelstocks vermehrbar.
Verwendung: Für Tee genutzt werden meist die frischen oder getrockneten Blütenstände, aber auch das Kraut. Geschmacklich ist der Aufguss mild, angenehm und leicht zimtartig.

Schnupperstunde im Kräuterpark

Wer glaubt, Kräuter und Harz gingen nur beim Räuchern zusammen, der sollte den Kräuterpark Altenau besuchen. Mitten im Nationalpark Harz trotzen 100 Kräuterarten und -sorten dem Mittelgebirgsklima.

Viele Gewürze entfalten erst durch das Rösten ihr typisches Aroma – wenn man die richtige Temperatur und Dauer trifft. Auf unseren Reisen haben mein Mann und ich viel gelernt und teils exotische Rezepte für Gewürzmischungen mitgebracht.

Wo landet man, wenn man dorthin geht, wo der Pfeffer wächst? Wie sehen Eberraute und Mönchspfeffer aus? Antworten auf viele Fragen finden Besucher im Kräuterpark Altenau. Auf einer mittlerweile drei Hektar großen Hangfläche kann man heimischen Heil- und Gewürzpflanzen mit allen Sinnen begegnen und dem Wohlgeruch exotischer Gewürzmischungen nachspüren. Anita Reinhardt, Kräuterfrau aus Leidenschaft, sorgt immer wieder für neue aromatische Höhepunkte.

Haben Sie denn selbst ein Lieblingsgewürz, Frau Reinhardt?

Anita Reinhardt: Ich könnte ununterbrochen am Liebstöckl riechen, der vielen auch als Maggikraut bekannt ist. Und ich liebe eine äthiopische Gewürzmischung namens Berbere, deren Rezeptur Erich Jürgens, mein verstorbener Mann, von einer seiner zahlreichen Reisen mitgebracht hat. Da sind insgesamt zwölf Kräuter drin: Chilischoten, weißer Kardamom, Kreuzkümmel, Koriander, Bockshornkleesamen, Pimentkörner, schwarzer Pfeffer, Ajowansamen, Ingwer, Muskat, Salz und Nelken.

Wow, das ist eine ganze Menge! Wer nur mit Brühwürfel und Petersilie würzt, verpasst wirklich einiges ...

Anita Reinhardt: Auf jeden Fall! Wobei wir beobachten, dass sowohl Gewürzpflanzen als auch Gewürze aus fernen Ländern zunehmend beliebter werden, gerade bei jüngeren Leuten. Allerdings muss jeder selbst entscheiden, was ihm gefällt. Ich empfehle unseren Besuchern immer, sich vor allem von Empfehlungen wie »für Huhn«, »für Fisch« freizumachen. Egal ob ich vor einer frischen Pflanze stehe oder an einer Gewürzmischung schnuppere, der Geruch muss mir persönlich gefallen. Dann hat man auch weniger Hemmungen, einfach mal mutig auszuprobieren.

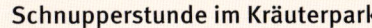

In der Gewürzpagode erfährt man zum Beispiel, wie der Portugiese Vasco da Gama den Seeweg nach Indien entdeckte und so Lissabon zum Zentrum des Gewürzhandels machte.

Das an einen Hang geschmiegte Gelände bietet viel Platz zum Herumschlendern und Entdecken der Kräuter und Heilpflanzen. In der Gewürzgalerie können danach die unterschiedlichsten Gewürzmischungen erschnuppert und probiert werden.

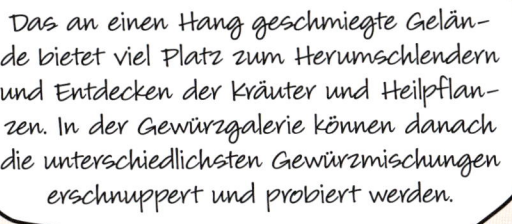

Da hier so viele Kräuter blühen, ist der Park auch bei Schmetterlingen, Bienen, Hummeln und anderen Insekten sehr beliebt. Damit sie sich noch wohler fühlen, haben wir ihnen ein 5-Sterne-Insektenhotel gebaut, das gut angenommen wird.

Trocknen ist immer noch eine der häufigsten Methoden, um Kräuter haltbar zu machen. Wie bewahrt man getrocknete Gewürzkräuter am besten auf?

Anita Reinhardt: Optimal sind Gläser oder Dosen, die für Licht undurchlässig sind. Kunststoffbehälter sind nicht immer geschmacksneutral, außerdem haben sie den Nachteil, dass sie oft zu dicht abschließen. Das ist ungünstig, denn wenn Restfeuchte nicht entweichen kann, schimmeln die Gewürze schnell und sie verderben. Die Gefäße sollten außerdem dunkel, trocken und eher kühl als warm stehen.

Und wie lange kann man getrocknete oder tiefgefrorene Kräuter verwenden?

Anita Reinhardt: Ich würde Kräuter in kleinen Portionsgrößen einfrieren und innerhalb eines halben Jahres verbrauchen. Getrock-

nete Kräuter kann man ruhig zwei Jahre lang verwenden, auch wenn sie natürlich mit der Zeit an Aroma verlieren. Ganz wichtig: Die Kräuter immer mit einem Löffel entnehmen oder in die Hand und dann erst in den Topf geben. Nie den Behälter über den offenen Topf halten oder die Kräuter direkt über dem Herd aufbewahren, dadurch würden sie wirklich ganz schnell fad. Salz sollte man beim Kochen übrigens immer erst zum Schluss zugeben. Wenn gut gewürzt wurde, braucht man es nämlich oft gar nicht mehr.

89

WINTER

LEBKUCHEN BACKEN, RÄUCHERKRÄU-
TER AUF GLIMMENDE KOHLENSTÜCKE
LEGEN – UND GANZ NEBENBEI FRISCHE
KRÄUTER VOM **FENSTERBRETT** UND AUS
DEM GARTEN ERNTEN, SO VIELSEITIG
IST DER **KRÄUTERWINTER**. WEN DANN
IMMER NOCH DER WINTERBLUES PACKT,
TRÄUMT SICH MIT EXOTISCHEN **ZIMMER-
KRÄUTERN** IN SÜDLICHERE GEFILDE …

Eiskalt ausgetrickst: Winterkräuter

Die letzten Umzüge ins Haus stehen an und Topfkräuter, die im Freien ausharren, werden dick eingemummelt. Trotzdem muss auch in der dunklen Jahreszeit niemand auf frisches Grün verzichten.

Das »Einwintern« frostempfindlicher Topf- und Kübelpflanzen erfolgt so spät wie möglich, denn dunkle Kellerräume und warme Wohnzimmer mit trockener Heizungsluft sind auch bei Kräutern wenig beliebt.

Wer will wann rein?

Kardamom, Zitronengras, Thailändisches Zitronenblatt, Tulsi, Zitruspflanzen und Chilis sind ziemlich kälteempfindlich. Wenn die

Temperaturen unter 10 °C fallen, ziehen sie besser ins Haus um. Je heller es dort ist, desto wärmer dürfen sie stehen: Es sollten im Schnitt schon 10–15 °C sollten sein, bei ausreichend Tageslicht werden auch 20 °C gut vertragen. Duftgeranien, Stevia, Wasabi und Pilzkraut sind deutlich weniger zimperlich, solange es draußen über 0 °C bleibt, bevorzugen sie die frische Luft. Lorbeer und Zitronenverbene halten Temperaturen um den Gefrierpunkt aus, erst ab -5 °C ist es ratsam, sie an einen wärmeren Platz zu bringen. Der Balsamstrauch ist richtig hart im Nehmen, er trotzt Temperaturen bis -10 °C.

Im Winterquartier selbst ist der richtige Mix aus Licht, Wärme und Wasser entscheidend für das Wohl Ihrer Schützlinge. Je wärmer der Raum, desto heller muss der Standort sein und desto häufiger darf gegossen und zusätzlich alle zwei bis vier Wochen gedüngt werden. Wobei beim Wässern im Winter generell viel Fingerspitzengefühl erforderlich ist, denn die Erde sollte zwar möglichst nie ganz austrocknen, Fäulnis durch dauerfeuchte Füße ist aber wesentlich schlimmer. Ist das Winterquartier hell und kühl oder dunkel und kühl, kann das Düngen eingestellt und das Gießen auf ein Minimum reduziert werden – sicherheitshalber immer mit dem Finger nachfühlen (→ S. 16). In jedem Fall sollten Sie Ihre Pflanzen

In rauen Lagen überwintert Rosmarin besser an einem frostfreien Platz.

Teambuilding: Hier umhüllt Herbstlaub die geschützt stehende Kräutergruppe.

Salbei

Unter einer schützenden Schneedecke verkraften Gartenkräuter den Frost besser.

regelmäßig auf Schädlinge kontrollieren, vor allem Spinnmilben (→ S. 24), Wollläuse und die kleinen schwarzen Trauermücken treten relativ häufig auf. Gegen Trauermücken helfen Gelbsticker (ungiftige gelbe Leimtafeln) und Nematoden der Art *Steinernema feltiae*, beides gibt es im Fachhandel.

Winterschutz

Beobachten Sie mal die Geranien in den Balkonkästen rundherum: Immer mehr Exemplare, die im Herbst im Kasten gelassen wurden, treiben im nächsten Jahr so unbeschwert aus, als wären sie Väterchen Frost nie begegnet. Auch der angeblich so empfindliche Rosmarin übersteht den Winter vielerorts ohne Schutz. Ergo: Wer ein bisschen Erfahrung mit dem ortsüblichen Klima gesammelt hat, darf sich winterschutzmäßig ruhig mal etwas locker machen. Bis dahin geht man auf Nummer sicher und kleidet die Topfbewohner in ein warmes Mäntelchen, sobald sich dauerhaft Temperaturen im Minusbereich ankündigen. Auch für frostharte Kräuter kann ein Winterschutz sinnvoll sein, wenn sie im Topf wachsen, denn auf die Wurzelballen in ihren vergleichsweise kleinen Pflanzgefäßen wirkt der Frost wesentlich massiver ein als im Freiland. Auch von einer Schneeschicht, die Freilandpflanzen vor stärkeren Minusgraden schützt, profitieren

Info

Immergrüne Pflanzen überwintern grundsätzlich hell. Einige laubabwerfende Arten dürfen dunkel stehen, lassen dann aber ihre Blätter fallen.

Kübelpflanzen kaum. Die passende Winter-garderobe sieht wie folgt aus: Unter die Töp-fe kommt ein Stück Styropor, das hilft gegen das schlimmste aller Übel, nämlich gegen kalte Füße. Rundherum werden die Gefäße dann zum Beispiel in mehrere Schichten Sackleinen, Vlies, ein Stück Luftpolsterfolie oder eine Kokosmatte gepackt, auch ein mit Stroh oder trockenem Laub gefüllter Zylinder aus Hasendraht isoliert recht gut. Wichtig: Wasser muss ablaufen können und der grüne Pflanzenschopf sollte nicht mit eingepackt werden – vor allem nicht in Folie, sonst faulen die Pflanzen. Wer Rosmarin und anderen als empfindlich geltenden Kräutern einen Extraschutz zukommen lassen möch-te, hängt Fichtenzweige in die Triebe, das schützt und ist gleichzeitig luftig.

> Wer eine größere Sammlung Topf-kräuter winterfest machen möchte, kann diese grüpp-chenweise zusam-menstellen und wie einen einzigen großen Kübel ein-packen.

Die guten ins Töpfchen – und dann aber schnell ab ins Warme mit dir, Petersilie!

Winterernte

Apropos Rosmarin – prinzipiell können Sie winter- oder immergrüne Kräuter im Freiland auch im Winter beernten. Nur auf größere Erntemengen sollten Sie verzichten, da das die Winterhärte herabsetzen kann, die frischen Schnittstellen können außerdem empfindlich zurückfrieren.

Richtig vitaminreich wird es, wenn im Beet oder Balkonkasten Löffelkraut (*Cochlearia officinalis*) oder Winterportulak (*Claytonia perfoliata*), der auch als Winterpostelein bekannt ist, wachsen. Alle beide lassen sich noch bis in den Oktober hinein aussäen und liefern bis zum Frühjahr frisches Grün für Quark oder Salate.

Tipp: Temperaturtechnisch ist eine Vliesab-deckung zwar nicht notwendig, in schneerei-chen Gegenden erleichtert sie aber die Ernte ganz enorm.

Auch auf der Fensterbank geht die Ernte weiter. Traditionell wird zum Beispiel vor dem ersten Frost ein Ballen Petersilie aus-gegraben, eingetopft und ins Haus geholt. Bei Schnittlauch hingegen bedarf es eines kleinen Tricks, damit er im Haus wieder austreibt, denn eigentlich verschläft er die kurzen Tage lieber. Eine Frostnacht oder ein Tag im Gefrierschrank machen ihn jedoch wieder munter: Kommt er anschließend ins Warme, zeigt er schon bald grüne Spitzen. Hinzu kommen natürlich noch all die vielen leckeren Kräuter, die ohnehin das ganze Jahr über in der Wohnung angebaut werden kön-nen, beispielsweise Gartenkresse, Schmal-blättrige Doppelsame, Ölrauke, Salzkraut und Zimmerknoblauch. Kräuter haben eben immer Saison.

Schnell gemacht

WINDOW-FARMING:

1. Die Vorbereitungen

In eine oder mehrere PET-Flaschen (je nach Fenstergröße) jeweils eine seitliche Öffnung schneiden. In sie werden später die Pflanzen eingesetzt. Eine Flasche bleibt ohne Öffnung, sie dient später als Wasserauffangbehälter. Nun in jede Flasche zwei gegenüberliegende Löcher für die Aufhängung bohren. Kabelbinder hindurchschieben und die Flaschen so kopfüber in einer Reihe an einer stabilen Kette befestigen.
In alle Schraubverschlüsse bis auf einen Löcher bohren und jeweils ein 20 cm langes Stück Aquariumschlauch (ø 5 mm) hindurchschieben (im oberen Bild zu sehen). Aufgrund der Größe der Schraubverschlüsse ist ein Bohrer- und Schlauchdurchmesser von 5 mm empfehlenswert. Auch in die Flaschenböden ein entsprechendes Loch bohren.
Je ein Schlauchstück durch die vorgebohrte Öffnung im Flaschendeckel schieben. Als Dichtung dient ein Stück Luftballon, das zusammen mit dem Schlauchstück durch die Öffnung geschoben und anschließend mit einer Nadel durchstoßen wird. Das andere Ende durch das entsprechende Loch im nächsten Flaschenboden schieben. In jedem Flaschendeckel ein kleines Stück Spülschwamm über dem Schlauchansatz platzieren, auf diese Weise verstopft der Schlauch nicht.

2. Bereit für die Pflanzung

Nun das Gestell aufhängen, in jede Flasche zwei Handvoll Blähton geben, mit Kräutererde auffüllen und die Kräuter anschließend hineinsetzen – Arten mit höherem Wasserbedarf platziert man ganz oben, trockenheitsliebende Arten dagegen unten.

Hot and spicy

Schmalblättrige Doppelsame
Diplotaxis tenuifolia

 ◐ ☼

Saattiefe: 1 cm | Pflanzabstand: 10 x 20 cm

Wuchs: Die auch als Wilde Rauke bekannte Mehrjährige wird 30–100 cm hoch. Dank der auf auf die gelben Blüten folgenden Samen vermehrt sie sich reichlich durch Selbstaussat.

Pflege: Aussaat von Mitte März bis Mitte September oder ganzjährig auf der Fensterbank. Mag keine Staunässe. Auf ca. 2–3 cm zurückgeschnitten, folgt rasch ein neuer Austrieb.

Verwendung: Für Salate oder, kurz miterwärmt, für viele mediterrane Speisen. Je jünger die Blätter, desto milder.

Ölrauke
Eruca sativa

 ☼

Saattiefe: 1 cm | Pflanzabstand: 0,5 x 20 cm

Wuchs: 15–25 cm hohe Blattrosetten und weiße Blüten kennzeichnen die auch Rucola genannte Einjährige. Versamt sich von selbst, wenn man sie lässt.

Pflege: Kräutererde, hasst Staunässe. Lediglich 4–6-wöchige Kulturzeit. Aussaat von Mitte März bis Mitte September, auf der Fensterbank ganzjährig. Schont man das Herz, treibt sie stets neue Blätter. Ein Wärmevlies verlängert die Erntezeit.

Verwendung: Wie Schmalblättrige Doppelsame, aber weniger scharf, Blätter besitzen sehr viel weniger Schärfe.

Koriander
Coriandrum sativum

 ☼

Saattiefe: 1–2 cm | Pflanzabstand: 0,5 x 20 cm

Wuchs: Die einjährige frischgrüne Pflanze wird inklusive des Blütenstands 50–80 cm hoch, 20 cm breit und trägt weiße bis rosafarbene Doldenblüten.

Pflege: In Kräutererde oder mageren, gut durchlässigen Boden säen – möglichst früh, falls man Samen ernten möchte. Bei Trockenheit wässern. Vermehrung erfolgt über Samen.

Verwendung: Das frische Kraut bzw. die grün oder reif geernteten Samen würzen Brot, Lebkuchen sowie asiatische, arabische und südamerikanische Gerichte.

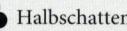 = Voranzucht und Aussaat   ■ = Blütezeit   ☼ Sonne   ◐ Halbschatten   ● Schatten

Gartenkresse
Lepidium sativum

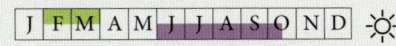

Saattiefe: 0 cm | Pflanzabstand: 0,5 x 15 cm

Wuchs: 20–50 cm hohe Einjährige mit weißen bis rosafarbenen Blüten.
Pflege: Lichtkeimer! Breitwürfig in Schalen oder in Reihen ins Beet säen. Nicht mehrmals am selben Platz. Freilandaussaat von April bis September, im Haus ganzjährig. Nicht austrocknen lassen.
Verwendung: In 5–8 cm Höhe schneiden. Schmeckt aufs Brot, in Quark oder im Salat. Zutat der Frankfurter Grünen Soße. Tipp: Die Art *Lepidium latifolium* ist mehrjährig, junge Blätter schmecken frisch, ältere gekocht.

Chili
Capsicum spp.

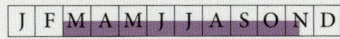

Saattiefe: 1 cm | Pflanzabstand: 40 x 40 cm

Wuchs: 30–100 cm hoch und bis 50 cm breit. Aus den weißen bis violetten Blüten entwickeln sich je nach Sorte milde bis sehr scharfe Früchte.
Pflege: Nie austrocknen lassen, aber Staunässe vermeiden. Regelmäßig düngen. Sanftes Schütteln verbessert die Bestäubung, das Kappen der Triebspitzen fördert die Verzweigung. Helle und frostfreie Überwinterung möglich. Vermehrung durch Aussaat im Haus.
Verwendung: Für alle Speisen und Getränke, die Feuer vertragen können. Haut- und Augenkontakt vermeiden!

Wasabi
Eutrema japonicum

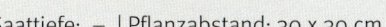

Saattiefe: – | Pflanzabstand: 30 x 30 cm

Wuchs: Der Japanische Meerrettich, auch Wasabi genannt, wird 20–60 cm hoch und ist optisch unauffällig. Die weißen Blüten erscheinen bis in den Spätherbst.
Pflege: Die Staude mag es schattig und feucht. Kompostdüngung im Frühjahr. Töpfe sollten mindestens 10 l fassen. Mit Winterschutz oder frostfrei, kühl und hell überwintern, dabei nur 14-tägig gießen. Zum Vermehren Wurzelstock teilen.
Verwendung: Wasabipaste wird aus der zerriebenen Wurzel hergestellt, alternativ eignen sich Blätter und Stiele für Salate.

Wärmender Genuss für kalte Tage

Draußen riecht es nach Schnee und Eis, drinnen nach den Wohlgerüchen des Sommers. Verpackt in würzige Gerichte wärmen uns selbst gezogene Kräuter nicht nur den Bauch, sondern auch die Seele.

ROTE CURRYPASTE

Thaiklassiker

Für 1 Glas (ca. 600 ml) | Zubereitung: ca. 25 Min.

Zutaten: 4 Stängel Zitronengras * 100 g Galgant oder Ingwer * 8 Schalotten * 16 Knoblauchzehen * 8 Kafir-Limettenblätter * 1 rote Paprikaschote * 1 EL Koriandersamen * 10–15 getrocknete rote Chilischoten * 100 ml Limettensaft * 4 EL Tomatenmark * 4 EL Zucker * 3 EL Öl * 4 TL Salz

1. Das Zitronengras putzen, dabei den harten unteren Teil und äußere harte Blätter entfernen. Den weichen Kern klein schneiden. Galgant oder Ingwer, Schalotten und Knoblauch schälen und grob würfeln. Limettenblätter waschen, trocken tupfen und in Streifen schneiden. Paprikaschote längs halbieren, entkernen, waschen und klein schneiden.

2. Die Koriandersamen in einer Pfanne ohne Fett rösten, bis sie zu duften beginnen. Alle vorbereiteten Zutaten mit Chilischoten, Limettensaft, Tomatenmark, Zucker, Öl und Salz im Mixer zu einer feinen Paste pürieren. In ein sauberes Twist-off-Glas füllen und bis zur weiteren Verwendung in einem Thaigericht kühl stellen.

3. Für ein rotes Curry für 4 Portionen je 400 ml Kokosmilch und Wasser mit 8–10 EL Currypaste sämig einkochen. Mit Salz, Zucker, Limettensaft und Currypaste abschmecken. Gemüse (Paprika, Champignons, Aubergine), Hähnchenstreifen, Garnelen oder Fischfiletstücke darin garen. Mit Basmatireis servieren.

GEFÜLLTE CHAMPIGNONS

mit Kresse und Rucola

Für 4 Personen | Zubereitung: 20 Min.

Zutaten: 500 g große braune Champignons * 2 EL Olivenöl * 250 g Quark (20 % Fett) | 75 g geriebener Emmentaler * Salz * Pfeffer aus der Mühle * 1 Kästchen Kresse * 1 Handvoll Feldsalat oder Rucola

1. Die Champignons abreiben oder abbrausen und trocken tupfen, die Stiele herausdrehen. Das Öl in einer breiten beschichteten Pfanne erhitzen, die Pilze darin bei mittlerer bis starker Hitze rundherum ca. 5 Min. braten.
2. In der Zwischenzeit den Quark mit dem geriebenen Käse verrühren, mit Salz und Pfeffer würzen. Die Kresse abschneiden und unter den Quark rühren.

3. Die Champignons so wenden, dass die Öffnungen nach oben zeigen. Die Quarkcreme mit zwei Teelöffeln in die Pilzhüte füllen. Einen Deckel auf die Pfanne legen und alles bei schwacher bis mittlerer Hitze noch gut 5 Min. garen.
4. Inzwischen Feldsalat oder Rucola waschen und trocken schleudern, die Blätter auf zwei Teller verteilen. Die Champignons abschließend daraufsetzen.

SÜSSKARTOFFELSUPPE

mit Zitronengras

Für 4 Personen | Zubereitung: 30 Min.

Zutaten: 2 Zwiebeln * 20 g Ingwer * 650 g Süßkartoffeln * 2 EL Öl * 1 EL brauner Zucker * 2–3 TL Zitronengraspaste * (aus dem Asienladen) * 500 ml Gemüsebrühe * 400 ml Kokosmilch * Salz * Cayennepfeffer * ca. 1 EL Limettensaft

1. Die Zwiebeln und den Ingwer schälen und fein würfeln. Die Süßkartoffeln ebenfalls schälen und in kleine Würfel schneiden.
2. Öl in einem Topf erhitzen. Zwiebeln und Ingwer darin andünsten. Süßkartoffeln, Zucker und 2 TL Zitronengraspaste hinzufügen und 3 Min. mitdünsten.

3. Brühe und Kokosmilch angießen, aufkochen und alles bei schwacher bis mittlerer Hitze zugedeckt ca. 10 Min. köcheln lassen.
4. Die Suppe mit dem Pürierstab fein pürieren und mit Salz, Zitronengraspaste, Cayennepfeffer und Limettensaft würzig abschmecken.

Gewürzpflanzen für drinnen

Draußen tobt das Schneegestöber, drinnen die Pflanzenleidenschaft: Spannende Arten aus fernen Ländern verschönern rund ums Jahr die Fensterbank oder auch den Wintergarten.

> Ein möglichst heller, aber nicht vollsonniger Platz ist für die meisten Zimmerpflanzen optimal. Für Südfenster eignen sich Hardcore-Sonnenfans wie das Zitronenblatt.

Kardamom. Kaffee. Vanille. Es gab Zeiten, da mussten Handelsreisende für ihren Job eine gehörige Portion Mut mitbringen, denn Reisen waren lang und beschwerlich, bisweilen sogar lebensgefährlich. Entsprechend kostbar waren die Waren, die über die Gewürzstraßen den Weg nach Mitteleuropa fanden, ganze Kriege entbrannten um duftende Luxusgüter wie die Muskatnuss und noch bis ins 19. Jahrhundert wurde in Mexiko die illegale Ausfuhr von Vanille mit dem Tode bestraft – egal ob Gewürz oder Pflanze. Heute sind nicht nur die Gewürze selbst deutlich günstiger zu bekommen, man kann seine Wohnung sogar mit den entsprechenden Pflanzen schmücken. Früchte tragen sie dort aber nur im absoluten Ausnahmefall und Vanilleschoten und Kaffeebohnen müsste man vor dem Genuss auch noch fermentieren. Da machen Kardamom und Thailändisches Zitronenblatt, Thai-Basilikum, Tulsi oder Zitronengras doch deutlich mehr Spaß, denn von ihnen profitieren auch Fensterbankgärtner sofort und fast rund ums Jahr!

Rund ums Jahr gut aufgestellt

Wachsen Balkon- und Terrassenpflanzen schon unter verschärften Bedingungen, haben es Zimmerpflanzen meist noch einen Tick schwerer. Vor allem die Heizperiode macht ihnen arg zu schaffen, stammen doch viele Arten aus einem feuchtwarmen Klima. Wasserschalen auf der Heizung, ein Zimmerspringbrunnen oder sonstige Luftbefeuchter erleichtern ihnen diese Zeit, auch ein Platz fernab der Heizung sowie häufiges Besprühen mit Wasser, am besten mit destilliertem, senken das Risiko für trockene Blattspitzen und einen Befall durch die lästigen Spinnmilben (→ S. 24).
Pflanzen mit großen glänzenden Blättern freuen sich, wenn man sie gelegentlich

An die Sprossen, Genossen! Damit peppen Sie nicht nur Salate auf.

Zimmerknoblauch schmeckt genauso gut, wie er aussieht – nur noch ein wenig deftiger.

Eine Kardamompflanze verschönert das Zimmer, einzelne Blätter verfeinern den Tee.

abstaubt oder mit einem feuchten Schwamm über die Oberfläche wischt. Weniger Aufwand bereitet im Winter das Gießen. Kontrollieren Sie immer erst mit dem Finger, ob Wässern überhaupt notwendig ist, und gießen Sie lieber häufiger ein bisschen als viel auf einmal. Da die Pflanzen ihr Wachstum in der dunklen Jahreszeit deutlich bremsen, werden auch die Düngergaben reduziert. Während man bei Grün- und Blütenpflanzen von März bis September alle zwei Wochen Flüssigdünger ins Gießwasser gibt, genügen in den lichtarmen Monaten Abstände von vier bis sechs Wochen. Kranke oder von Schädlingen befallene Pflanzen werden erst wieder gedüngt, wenn sie sich erholt haben.

Schnelles Vergnügen

Attraktive Pflanzen wie die Knoblauchs-Kaplilie (Zimmerknoblauch → S. 103) beweisen, dass exotisch nicht automatisch kompliziert bedeutet. Die einfachste Methode, die Geschmacksknospen zu stimulieren, sind aber definitiv Sprossen (→ S. 102). Ob von Bockshornklee, Senf, Alfalfa, Mungo- oder Sojabohnen, die kleinen Powerpakete stehen im Nu bereit, um Salat, Brot oder Wokgerichten den letzten Schliff zu verleihen. Im Winter sind sie eine ebenso leckere wie abwechslungsreiche und gesunde Vitaminquelle. Und da von der Aussaat bis zur Ernte nur ein paar Tage vergehen, können selbst absolute Neueinsteiger nicht viel falsch machen.

Exotisches für Out- und Indoor

Balsamstrauch
Cedronella canariensis

Saattiefe: – | Pflanzabstand: 60 x 60 cm

Wuchs: Der 60–120 cm hohe, locker wachsende Strauch trägt hellgrüne drei-fingrige Blätter und Blüten in Altrosa.
Pflege: Gedeiht in durchlässiger, nicht allzu trockener Erde. Von März bis Mitte August alle 14 Tage mit Flüssigdünger versorgen. Verträgt bis -10 °C, sicherer ist die helle Überwinterung bei 5–10 °C. Vorher um ein Drittel zurückschneiden. Vermehrung über Stecklinge.
Verwendung: Die Blätter duften harzig-zitronig und eignen sich für Teemischungen, Potpourris und zum Räuchern.

Zitronengras
Cymbopogon citratus

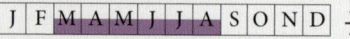

Saattiefe: – | Pflanzabstand: 40 x 40 cm

Wuchs: Erst wenig eindrucksvoll, später toll: Das blaugrüne Zitronengras wird 60–150 cm hoch und bis 80 cm breit.
Pflege: Stets leicht feucht halten, wö-chentlich (im Winter 14-tägig) düngen. Regelmäßig zurückschneiden. Hell, bei über 10 °C überwintern. Über Teilung vermehren. Im Asialaden gekauftes Zitro-nengras bewurzelt im Wasserglas.
Verwendung: Das Zitronenaroma ist im Sommer am intensivsten. Der untere helle Blattteil peppt, frisch oder getrock-net, vor allem asiatische Speisen und Getränke auf.

Sprossen
viele Arten

Saattiefe: – | Pflanzabstand: –

Arten: Bockshornklee, Senf, Alfalfa, Mungobohnen, Sojabohnen, Radieschen, Kresse, Linsen, Rucola, Weizen, Kicher-erbsen und viele mehr.
Pflege: Saatgut in ein sauberes Glas füllen, Wasser auffüllen, ein paar Mal schwenken, dann durch ein mittels Gum-mi befestigtes Stück Gazestoff abgießen und gut abtropfen lassen. Prozedere täg-lich wiederholen. Nach Keimung ernten.
Extra-Tipp: Gekeimte Sprossen verderben rasch, daher lieber mit kleinen Mengen in kurzen Abständen planen.

■ = Voranzucht und Aussaat ■ = Blütezeit   ☼ Sonne   ◑ Halbschatten   ● Schatten

Thailändisches Zitronenblatt
Citrus hystrix

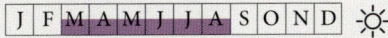

Saattiefe: – | Pflanzabstand: 50 x 50 cm

Wuchs: Das auch Kafir-Limette genannte Gehölz wäre auch ohne duftende weiße Blüten und Zitrusfrüchte ein Hingucker: Es trägt wie aneinandergeklebt wirkende glänzende Doppelblätter und wächst langsam auf 1–2,5 m heran.
Pflege: Zitruspflanzenerde und -dünger verwenden. Im Sommer ins Freie stellen, im Winter als Zimmerpflanze an einen hellen Platz. Im Frühjahr schneiden.
Verwendung: Blätter wie Lorbeerblätter einsetzen. Auch die abgeriebene Schale wird genutzt. Das Fruchtfleisch ist eher trocken, aber aromatisch.

Zimmerknoblauch
Tulbaghia violacea

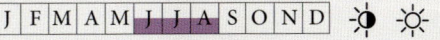

Saattiefe: – | Pflanzabstand: 25 x 25 cm

Wuchs: Die 30–90 cm hohe Knoblauchs-Kaplilie ist eine attraktive Kübelpflanze mit rosa Blüten. Erinnert entfernt an Schmucklilien (*Agapanthus*). 'Variegata' hat weiß-grün gestreiftes Laub.
Pflege: Mag humose Erde und eine regelmäßige Wasserversorgung, bei Trockenheit zieht sie ein. Verblühtes entfernen, denn Samen kosten Kraft. Hell und warm überwintern. Beetpflanzung nur an regengeschützten Plätzen und mit Winterschutz. Über Teilung vermehren.
Verwendung: Blätter und Blüten wie Schnittlauch einsetzen.

Jiaogulan
Gynostemma pentaphyllum

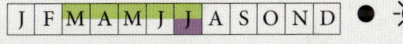

Saattiefe: 2 cm | Pflanzabstand: 60 x 60 cm

Wuchs: Kletter- oder Bodendeckerpflanze mit bis zu 3 m langen Ranken. Die schwarzen Beeren sind nicht essbar.
Pflege: Je sonniger der Platz, desto feuchter sollte der humose Boden sein. Vermehrung über Direktsaat oder Teilung. Winterschutz im Pflanzjahr.
Verwendung: Für Salat, Tees, Smoothies oder wie Spinat gedünstet. Geschmacklich gibt es Besseres als das »Kraut der Unsterblichkeit«. Dafür soll es das Immunsystem stärken, Blutzucker- und Cholesterinspiegel senken und den Stoffwechsel anregen.

Von Bienchen und Blümchen

Viele Kräuter sind exzellente Nahrungsquellen für Bienen und andere Insekten. Warum nicht neben aromatischen Gewürzpflanzen gleich auch noch Honig vom eigenen Bienenvolk ernten?

Kräuter und Honigbienen sind ein echtes Dreamteam – kaum jemand weiß das so gut wie Bernhard Jaesch. Der Imkermeister und Gartenbautechniker hat sich in seiner Gärtnerei in Springe bei Hannover auf Bienentrachtpflanzen spezialisiert und freut sich über das gestiegene Interesse.

Warum liegt Imkern momentan so im Trend?

Bernhard Jaesch: Viele junge Leute möchten etwas für Natur und Umwelt tun, und das

> Imker leisten einen wichtigen Beitrag zur Artenvielfalt. Das Nahrungsangebot würde ohne Bienen stark schrumpfen: Sie sind für die meisten Kulturpflanzen die wichtigsten Bestäuber.

kann man selten so aktiv wie beim Imkern: Man kümmert sich um die Bienen, kann sie beobachten, Betriebsweisen ausprobieren ... Da ist ganz viel Bewegung drin, gleichzeitig entspannt die Arbeit mit den Bienen enorm.

Viele Jungimker leben in Städten – funktioniert Bienenhaltung auch dort?

Bernhard Jaesch: Ja, manchmal sogar besser als auf dem Land, wenn dort Monokulturen vorherrschen. Natürlich sollten in der Stadt zum Beispiel Parks, Kleingartenanlagen oder viele Häuser mit Gärten in der Nähe sein. Aber Bienen fliegen grundsätzlich relativ weit, bei gutem Wetter bis vier Kilometer. Was man berücksichtigen sollte, sind die Nachbarn: Prinzipiell gilt Imkern als ortsüblich und ist erlaubt, zudem sind moderne Bienenrassen in der Regel auf Sanftmütigkeit gezüchtet. Aber viele Menschen glauben das nicht recht, daher tarnt man die Bienenstöcke am besten ein bisschen.

Welche Kräuter sind aus Bienensicht ein absolutes Muss im Garten?

Bernhard Jaesch: Thymian, Origanum, Rosmarin und Lavendel, da sie sowohl Nektar als auch Pollen spenden – die Bienen brauchen beides. Auch alle Mauerpfefferarten werden stark angeflogen, etwa die essbare Art *Sedum rupestre*.

Für 500 g Thymianhonig müssen die Bienen den Nektar von über 11 Millionen Blüten einsammeln und legen dabei rund 120 000 Kilometer zurück.

Heute findet Bienenhaltung meist in Magazinbeuten statt. Diese bestehen aus Boden, Deckel und dazwischen aufeinandergestapelten oben und unten offenen Kisten, in denen Holzrähmchen hängen. In diese Rähmchen bauen die Bienen ihre Waben.

Die sechseckigen Waben sind die mathematische Optimallösung, um mit möglichst geringem Materialaufwand möglichst viel Raum zum Brüten sowie zum Einlagern von Nektar und Blütenpollen zu gewinnen.

Was sollte ein Neuimker mitbringen?

Bernhard Jaesch: Man sollte Interesse an Tieren und Pflanzen haben. Respekt vor den Bienen ist nicht schlimm, dafür hat man ja Schutzkleidung – wenn auch meist nur am Anfang – und den Smoker, dessen Rauch die Bienen ablenkt. Nur einen Test auf eine Bienengiftallergie würde ich empfehlen. Unsere Bienenrassen sind zwar sehr friedlich, aber Stiche bleiben nicht aus. Daran gewöhnt man sich aber recht schnell – ich finde manchmal irgendwo einen Stachel und habe den Stich selbst gar nicht bemerkt.

Wie viel Zeit und Geld sind notwendig?

Bernhard Jaesch: Das hängt vom einzelnen Imker ab. Anfängern fällt es meist schwer, die Bienen mal in Ruhe zu lassen. Ich empfehle auf jeden Fall, einen Imkerkurs zu

besuchen, vielleicht findet man auch einen Imkerpaten. Was das Finanzielle angeht: Für eine vollständige Ausrüstung kann man natürlich locker 500 bis 1000 Euro investieren. Manches kann man aber auch gebraucht bekommen oder vom Imkerverein ausleihen. Dem sollte man schon, um versichert zu sein, unbedingt beitreten. Und natürlich kann man den Honig verkaufen, im Schnitt etwa 10–20 kg pro Volk. Außerdem kostet jede Form der Tierhaltung Geld, auch das Aquarium oder der Hund, den man füttern, versichern und zum Tierarzt bringen muss.

GESTALTUNG

KRÄUTER SEHEN NICHT ERST AUF DEM TELLER SEHR **APPETITLICH** AUS, SONDERN BEREITS IM GARTEN, AUF DEM BALKON ODER AUF DER **TERRASSE**. DABEI BEWEISEN VIELE ARTEN ECHTEN **TEAMSPIRIT**: SIE DRÄNGELN NICHT, HALTEN SCHÄDLINGE FERN, MACHEN DEN BODEN GESUND UND KÖNNEN MIT VIELEN ZIERPFLANZEN LOCKER MITHALTEN. STREBER EBEN. ABER NETTE.

Kräuter – einfach dufte Kumpel!

Ob im Gemüsebeet, in der Staudenrabatte oder im Topfgarten auf dem Balkon: Die aromatischen Pflanzen passen sich bereitwillig an – und erobern so still und leise die Herzen der Gärtner.

Info

Wald-Erdbeeren sind alte Heil- und Würzpflanzen. Ihre Blätter geben Teemischungen eine etwas herbe, an schwarzen Tee erinnernde Note.

Liebesgeschichten beginnen oft im Kleinen, so ist es auch mit den Kräutern. Eben noch bekommt man bei der Einweihungsparty den Basilikum-Pott in die Hand gedrückt, im nächsten Moment haben die Kräuter schon den Garten übernommen. Das geht blitzschnell, denn es gibt schlicht keine Gartensituation, in die nicht auch noch das eine oder andere Kräutlein hineinpassen würde. Mitunter wächst im Ziergarten auch schon die eine oder andere Art, ohne dass man bislang wusste, welche fantastischen Zusatzeigenschaften die blühenden Gartenbewohner mitbringen. Denn Lavendel, Duftnesseln, Katzenminze und Baldrian, Königskerze, Ringelblume, Kapuzinerkresse und Gewürz-Tagetes (*Tagetes tenuifolia*) sowie viele weitere werden oft auch gepflanzt, weil sie optisch ein Genuss sind. Auf andere Kräuter wird man eher aus praktischen Gründen aufmerksam, etwa weil anspruchslose Pflanzen für einen trockenen, mageren Sonnenplatz oder schattenverträgliche, nicht wuchernde Bodendecker gesucht werden. Wer also seine Kräuterleidenschaft ausleben will – nur zu! Seien Sie erfinderisch, nutzen Sie jede Ecke, ob im Schatten oder in der Sonne. Und wenn es eng wird, dann lassen Sie Ihre Kräuter einfach in die Luft gehen – in Ampeln, Etageren, selbst in ausgedienten Schubladen fühlen sie sich wohl.

Kräuter als Einfassung

Um nicht den Überblick zu verlieren, braucht man Grenzen: Beete werden gerne klar von den umgebenden Rasen- oder Pflasterflächen getrennt. Wo sich die Gestaltung an klassischen Bauerngärten orientiert, dienen Einfassungspflanzen auch der Gliederung in mehrere Beete. Wer zwei Fliegen mit einer Klappe schlagen möchte, gestaltet schon die Einfassung selbst mit aromatischen Kräutern. Für niedrige Einfassungshecken

Überraschung: Die Zierpflanze entpuppt sich als glattblättrige Petersilie.

kommen Arten infrage, die kompakt wachsen und schnittverträglich sind. Das wären etwa Lavendel, Katzenminze, Currystrauch, Berg-Bohnenkraut, Thymian, Olivenkraut, Ysop oder Großblütige Bergminze. Wunderbar frisches Grün kommt mit Schnittlauch als Beeteinfassung ins Spiel, etwa mit großblütigen, leuchtstarken Sorten wie 'Forescate' (magentafarben) oder 'Elbe' (weiß). Wunderschön anzuschauen sind auch aufgelockerte Beeteinfassungen aus verschiedenen mehr oder weniger kompakt wachsenden oder polsterbildenden Kräutern. Hierbei sollte jedoch für stark wachsende Arten genügend Platz eingeplant werden, damit beispielsweise der Salbei nicht den Thymian überwächst. Häufiges Schneiden ist bei beiden Varianten sehr empfehlenswert, damit die Pflanzen im doppelten Sinne in Form bleiben, sich gut verzweigen und nicht verkahlen.

Kräuter als Bodendecker

Die meisten polsterbildenden und kriechenden Kräuterarten wissen sich zu benehmen – sie breiten sich aus, werden aber nicht lästig oder lassen sich leicht wieder entfernen. Zu den beliebtesten Arten für sonnige Plätze zählt der Thymian. Niedrige Arten wie der reich blühende Kümmel-Thymian (*Thymus herba-barona*) sind trittfest und passen gut zwischen locker verteilte Trittplatten. Auch die Römische Kamille (*Chamaemelum nobile*), die wie die Echte Kamille verwendet wird, hält gelegentlichem Betreten gut stand. In der Sonne fühlt sich die gelb blühende Blutwurz (*Potentilla erecta*) wohl, aus deren Wurzeln man blutroten Likör herstellt.

Schritt für Schritt ein Dufterlebnis: Jede Berührung setzt ätherische Öle frei.

Blühender Schnittlauch läuft mancher Sommerblume den Rang ab.

109

Platzwart im Schatten

Wer größere Flächen im Halbschatten bis Schatten mit Kräutern begrünen möchte, greift beispielsweise zu Waldmeister mit seinen sternförmigen Blättern und Blüten. Im Gegensatz zum Bärlauch, der nach der Blüte rasch einzieht, hält der Waldmeister bei ausreichender Bodenfeuchte bis in den Herbst hinein die Stellung. Lange bodendeckende Ranken bildet Jiagoulan, das »Kraut der Unsterblichkeit«.

An sonnigen und halbschattigen Plätzen entwickelt sich die auch als Eidechsenschwanz bezeichnete Houttuynie (*Houttuynia cordata*) sehr gut. Feuchter Boden ist ihr lieber als trockener, sie ist erfreulich anspruchslos. Ihre Blätter kann man für Salate oder getrocknet als Würzkraut verwenden. In ihrer Heimat werden Blätter und Wurzeln der asiatischen Pflanze gegart verzehrt.

Kräuter begeistern auch Kinder. Für Überraschungen sorgen Arten mit bekannten Düften wie Lakritz-Tagetes, Schokoladenblume *(Berlandiera lyriata)* oder Schokoladenkosmee.

Aparte Mauerblümchen

Von wegen unauffällig und leicht zu übersehen: Im Garten finden sich überaus attraktive Mauerblümchen, darunter viele Kräuter. Anspruchslos und zäh müssen sie sein, denn in den Zwischenräumen von Trockenmauern stehen nur wenig Wurzelraum, Wasser und Nährstoffe zur Verfügung. Trockenmauern eignen sich als freundlich und offen wirkende Gartenbegrenzung, als raumordnende Elemente oder zum Abstützen von zum Abstützen von Hängen, sie bieten Nützlingen wie Eidechsen, Wildbienen, Laufkäfern und anderen Insekten Brut-, Überwinterungs- und Lebensraum. Zur Begrünung mit Kräutern kommen trockenheitsverträgliche Sonnenanbeter infrage wie Oregano und Thymian.

Duftende Gemüsewächter

In eine Staudenrabatte eingestreute Kräuter sehen zwar hübsch aus, der Anbau im Gemüsebeet erleichtert aber die Ernte. Auch in puncto Optik sind insbesondere sehr wüchsige Arten wie der Liebstöckel im Nutzgarten oft besser aufgehoben.

Besonders praktisch ist jedoch, dass viele Schädlinge (→ S. 20) aromatische Kräuter nicht ausstehen können. Häufig sind es die ätherischen Öle, die den hungrigen Besuchern den Appetit verderben. Das Berg-Bohnenkraut beispielsweise schreckt die Schwarze Bohnenlaus ab und sichert so eine gute Ernte, die mit Bohnenkraut gewürzt anschließend doppelt so gut schmeckt. Kohlweißlinge finden Salbei, Thymian und Schnitt-Sellerie doof und Blattläuse meiden Kerbel und sein nahes Umfeld.

Studenten- und Ringelblumen halten Nematoden vom Gemüsebeet fern.

Kräuter als attraktiver Tischschmuck? Nie hat das Nachwürzen mehr Spaß gemacht!

Stilvoller Hingucker in Grün mit Sauerampfer, Hirschhorn-Wegerich und Blattsenf.

Kräuter im Topfgarten

Kräuter gedeihen nicht nur ganz prima im Topf (→ S. 14), sie sind auch optisch wie gemacht für sonnige Balkone und Dachterrassen oder lauschige Hinterhöfe. Insbesondere die mediterranen Arten verbreiten im Nu eine dufte Urlaubsatmosphäre, wo immer sie sich vor Hauswänden und Mauern um Bistrotische und Klappstühle scharen. Das Tolle dabei: Sie verleihen sogar bröckelndem Putz eine romantische Note, passen aber ebenso gut zu stylisch-modernen Arrangements.

Themenbalkone

Auf die Details kommt es an. Wo Dolce-Vita-Flair gefragt ist, sind Tongefäße mit Patina und kleinen Macken genau das Richtige und die Kräuter dürfen auch mal etwas wilder vor sich hinwachsen. Ein kleiner Tipp: Kalkfarbe sorgt im Nu für künstliche Patina, ohne lange warten zu müssen.
In einem edlen Ambiente hingegen sollten sich auch die Übertöpfe entsprechend einfügen und Kräuter mit klaren Konturen bevorzugt werden, zum Beispiel Lorbeerhochstämmchen, Zitrusgewächse oder in Form geschnittener Rosmarin und Lavendel.
Apropos Lavendel: Die Sortenvielfalt verführt dazu, gleich eine ganze Reihe der attraktiven Duftspender zu farblich abgestimmten Möbeln und Accessoires zu kombinieren – perfekt für Shabby-Chic-Fans. Zu weißen Holzmöbeln passen aber auch kräftige Farben wie fröhliches Sonnengelb, das man mit den Früchten der vielen Zitrusgewächse prima aufgreifen kann.
Prinzipiell gilt: Eine farbenreiche und eher kleinteilige Gestaltung lässt die Fläche enger wirken. Wenige, dafür aber größere Pflanzgefäße und eine zurückhaltende Farbgebung wirken dagegen großzügiger. Noch ein Tipp: Gruppieren Sie mehrere kleinere Töpfe auf einer Bank oder einem Tischchen. Auch mithilfe von Blumenampeln, Balkonkästen, Pflanzetageren oder -leitern schaffen Sie zusätzlichen Kräuterraum, ohne dass es unübersichtlich wird.

Kräutergarten

Viele Kräuterfans liebäugeln mit einem optisch vom Rest des Gartens abgesetzten Gärtlein, das sich im Sommer in eine überwältigende Duftoase verwandelt. Dazu lohnen ein paar Gedanken vorab.

Info

Mediterrane (Topf-) Kräuter fühlen sich vor sonnigen Hauswänden sehr wohl. Zusatzplus: Dank der warmen Steine duften sie abends besonders lang.

Täglich frische Kräuter? Wenn man dafür erst um drei Ecken flitzen muss, bleibt es oft beim guten Vorsatz. Ergo sollte sich entweder der ganze Kräutergarten nah am Haus befinden oder man richtet sich dort zumindest einen »Schnellerntebereich« mit den gefragtesten Küchenkräutern ein. Beim klassischen Reihenhausgarten mit Terrasse ließe sich zum Beispiel das Terrassenbeet als Kräuterbeet gestalten. So hat man die Duftspender nicht nur in Reich-, sondern auch in Riechweite. Woran man ebenfalls denken sollte: Die Kräuter müssen nicht nur schnell, sondern auch trockenen Fußes erreichbar sein. Planen Sie Trittsteine, die zum und durchs Beet führen, und zwar möglichst so groß, dass Sie ohne nasse Hosenbeine von der Ernte zurückkehren können. Genau dieses Quäntchen mehr Komfort entscheidet am Ende oft darüber, ob morgens noch rasch ein Zweig Minze für eine Tasse Tee geholt wird oder eben nicht.

Passend zum Bedarf

Ein separates Kräuterbeet hat noch einen weiteren Vorteil: Sie können optimale Bedingungen schaffen, für die beliebten mediterranen Kräuter etwa einen warmen, sonnigen Platz. Da Thymian, Salbei, Rosmarin und Co. auch ein deutlich geringeres Nährstoff- und Wasserbedürfnis haben als viele Gartenblumen und Gemüsearten, lohnt es sich, den oftmals üppigen Gartenboden mit viel Sand abzumagern. Eventuell arbeitet man sogar etwas gröberes Substrat wie Kies und Schotter ein oder verteilt es oberflächlich zusammen mit einigen größeren Findlingen im Beet, um eine natürlichere, an die Heimat der Kräuter erinnernde Gestaltung zu erzielen. Umgekehrt sollten Kräuter mit höherem Wasser- und Nährstoffbedarf nicht in ein solches Beet hineingezwungen werden – viele Arten würden dort auch optisch sehr her-

Ein erhöht liegendes Kräuterbeet ist ebenso praktisch und rückenschonend wie attraktiv.

ausstechen. Petersilie, Schnittlauch und Co. sind tatsächlich am besten im Gemüsebeet verortet oder in einem zweiten Kräuterbeet mit etwas nährstoffreicherem Boden – das für viele Arten auch im Halbschatten liegen darf. Eine attraktive Lösung, die sich sowohl im Garten als auch im Hinterhof gut umsetzen lässt, ist ein Kräutergärtchen im Hochbeet – vielleicht auch nur in Form eines etwa 30 cm hohen Holzrahmens. Der begrenzte Raum ist rasch mit der zu den Kräutern passenden Erdmischung befüllt, wirkt optisch aufgeräumt und gliedert gleichzeitig den Raum. Perfekt auch für alle, die intensiver in die Kräuterei einsteigen möchten, denn auf diese Weise lassen sich wunderbar Themenbeete anlegen (→ S. 111).

Gut eingerichtet

Auch innerhalb des Kräuterbeets sollten die häufig genutzten Kräuter möglichst gut erreichbar am Rand wachsen. Davon abgesehen gelten dieselben Gestaltungsprinzipien wie für Blumenrabatten: Liegt das Beet an einer Wand oder einem Zaun, kommen große Pflanzen in den Beethintergrund und kleine ganz nach vorne. Ist das Beet von allen Seiten frei zugänglich, stehen Kräuterriesen im mittleren Bereich am besten, während sich die mittelhohen und niedrigeren Arten in sanften Wellen davor gruppieren. Den Beetabschluss kann man beispielsweise mit einem niedrigen Flechtzaun betonen, der die dahinterliegenden Kräuter im Zaum hält. Oder man entscheidet sich für einen weichen Übergang und lässt polsterbildende Kräuter die Beetgrenze sanft kaschieren.

Die aus einer Leiter gebaute Etagere bietet vielen Pflanzen Platz und hält die Kräutersammlung optisch zusammen.

Für schattige Ecken

Waldmeister
Galium odoratum

| J | F | M | A | M | J | J | A | S | O | N | D | ● ☽

Saattiefe: 1 cm | Pflanzabstand: 20 × 20 cm

Wuchs: Bildet unter Gehölzen filigrane Teppiche, ohne lästig zu werden. Die hellgrünen Sternenblätter werden 25 cm hoch, darüber stehen weiße Blüten.
Pflege: Mag es humos und leicht feucht. Anspruchslos. Vermehrung über Teilung oder Saat (Kaltkeimer → S. 37).
Verwendung: Für Waldmeisterbowle, andere Mixgetränke, Eis oder Götterspeise. Das Aroma entfaltet sich nur, wenn das (noch nicht blühende) Kraut mindestens 4 Stunden antrocknen durfte – trocken und schattig über Kopf aufgehängt.

Süßdolde
Myrrhis odorata

| J | F | M | A | M | J | J | A | S | O | N | D | ☽ ☀

Saattiefe: 1 cm | Pflanzabstand: 40 x 40 cm

Wuchs: Farnartige Blätter und weiße Doldenblüten machen die 50–150 cm hohe Staude zum Hingucker in naturnahen Pflanzungen.
Pflege: In nährstoffreicher, stets leicht feuchter Erde gedeiht die Süßdolde prächtig. Vermehrung über Aussaat im Herbst (Kaltkeimer → S. 37) oder über Teilung im Frühjahr.
Verwendung: Die jungen Samenschoten werden gern als Lakritzersatz genascht, die Stängel als Zuckerersatz eingesetzt. Die Blätter aromatisieren alle Speisen, die einen Schuss Anis vertragen können.

Bärlauch
Allium ursinum

| J | F | M | A | M | J | J | A | S | O | N | D | ● ☽

Saattiefe: 1–2 cm | Pflanzabstand: 20 x 20 cm

Wuchs: Ab März erscheinen frischgrüne, 20–30 cm hohe, lanzettliche Blätter, die beim Zerreiben nach Knoblauch duften. Es folgen weiße, ebenfalls essbare Blütensterne. Nicht mit giftigen Maiglöckchen oder Herbstzeitlosen verwechseln!
Pflege: In leicht feuchten, humosen Boden setzen. Immer nur einige Blätter je Pflanze ernten, um sie nicht zu sehr zu schwächen. Bildet mit der Zeit dichte Bestände, ohne zu wuchern.
Extra-Tipp: Frisch als Pesto, in Kräuteröl, Suppen, Salaten, Brot und Aufstrichen …

■ = Voranzucht und Aussaat   ■ = Blütezeit   ☀ Sonne   ☽ Halbschatten   ● Schatten

Liebstöckel
Levisticum officinale

 ◐ ☀

Saattiefe: 0 cm | Pflanzabstand: 60 x 60 cm

Wuchs: Buschig wachsende Staude mit gefiedertem Laub und gelben Doldenblüten. Bis zu 200 cm hoch, 100 cm breit.
Pflege: Liebt nährstoffreiche, leicht feuchte Erde. Gegen Wuchern hilft eine Rhizomsperre oder Kübelhaltung. Im Frühling handbreit über dem Boden kürzen. Blüten entfernen, falls keine Samen gewünscht sind. Vermehrung über Samen oder Teilung.
Verwendung: Die Blätter duften nach Maggi, wie Sellerie ein universelles Kraut für viele deftige Speisen. Seltener werden getrocknete Samen verwendet.

Pimpinelle
Sanguisorba minor

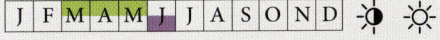 ◐ ☀

Saattiefe: 1 cm | Pflanzabstand: 30 x 30 cm

Wuchs: Mit ihrem fein gefiederten Laub ist die 20–40 cm hohe, auch Kleiner Wiesenknopf genannte Staude hübsch und unauffällig zugleich. Trägt zartrote, walzenförmige Blütenstände, die bis zu 70 cm hoch werden.
Pflege: Gedeiht auf trockenen wie leicht feuchten Böden – dort ist der Geschmack sehr viel intensiver.
Verwendung: Junge gehackte Blätter und Triebe erst am Ende des Garprozesses zufügen. Lecker in Kaltgetränken sowie in Quark, Salat, Kräuterbutter und -suppen, unerlässlich für Frankfurter Grüne Soße.

Knoblauchsrauke
Alliaria petiolata

 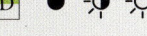 ● ◐ ☀

Saattiefe: 1 cm | Pflanzabstand: 30 x 30 cm

Wuchs: Ein- bis mehrjährige 60–120 cm hohe Pflanze mit rundlichen, nach oben hin schmaleren gezähnten Blättern und weißen Blüten.
Pflege: Nährstoffreiche, feuchte Erde ist optimal. Knoblauchsrauke versamt sich reichlich, wenn man sie lässt, ist aber leicht zu jäten. Kaltkeimer (→ S. 37)!
Verwendung: Blätter und Blüten besitzen besonders im Frühjahr ein intensives Knoblaucharoma – perfekt passend für Salat, Pesto oder in Quark. Die Wurzel wie Meerrettich verarbeiten, die Samen wie Senfkörner.

Schritt für Schritt zur Kräuterspirale

Eine Kräuterspirale braucht Platz, einen Durchmesser von drei, vier Metern muss man einplanen. Dafür schafft sie super Bedingungen für ganz unterschiedliche Kräuter – und macht richtig Eindruck!

DAS BRAUCHT'S FÜR DIESES PROJEKT:

Holzpflöcke + Schnur   **Schaufel**   **große Natursteine**   **Mutterboden + Sand**   **Kompost**

① Als Erstes stecke ich die äußere Form ab. Bei leichtem Boden kann ich auf den Schotterunterbau verzichten. Wer mag, plant am Spiralfuß einen kleinen Teich ein.

Am natürlichsten wirkt eine Kräuterspirale aus Natursteinen oder Klinkern. Wer es moderner mag, greift auf vorgeformte Gabionen (stabile Drahtkörbe) zurück und befüllt sie mit Steinen. Bei schweren Böden vor dem Aufbau die Erde innerhalb der Spirale etwa spatentief ausheben und Schotter auffüllen. Die Erde gleich weiterverwenden, denn für das Innenleben der Spirale benötigt man Kompost, Sand und »Mutterboden«. Diese oberste, etwa 30 cm starke fruchtbare Bodenschicht wird oft von Häuslebauern über Kleinanzeigen verschenkt. Das untere Spiraldrittel bekommt einen 1:1-Mix aus Erde und Kompost. Es sollte nach Norden ausgerichtet sein, damit es von der Spirale beschattet wird. Fürs mittlere Drittel Erde, Kompost und Sand zu gleichen Teilen mischen, für das obere Erde und Sand. Entsprechend dem Wasser- und Nährstoffbedarf wächst etwa Liebstöckel weit unten, Thymian ganz oben.

Ich lege die Steine in Form einer zweifach gewundenen Spirale aneinander. Die nächste Lage kommt versetzt auf die erste. Jetzt heißt es herumprobieren, wie die Steine am stabilsten aufeinanderliegen. Wer will, kann jetzt schon Pflanzen zwischen die Steinlagen setzen.

Je nach Größe der verwendeten Steine fülle ich nach zwei bis vier Lagen schon das erste Mal mit Erde auf. Danach geht's mit Steinen weiter. Insgesamt sollte sich die Spirale nach oben hin leicht verjüngen.

Zwischendrin und ganz am Ende laufe ich ein paar Mal ganz vorsichtig über die Erde, um sie zu verdichten. Anschließend geht es dann ans Einpflanzen der Kräuter.

Der krönende Abschluss: Die Spirale ist fertig bepflanzt und ich wässere sie intensiv. Und dann? Einen Liegestuhl schnappen, die müden Arme ausschütteln und auf das selbst geschaffene Meisterwerk anstoßen.

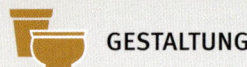

Newcomer zum Ausprobieren

Pilzkraut
Rungia klossii

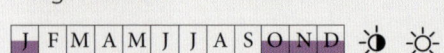

J F M A M J J A S O N D ☽ ☀

Saattiefe: – | Pflanzabstand: 30 x 30 cm

Wuchs: 30–80 cm hoch mit fleischigen Blättern. Blüht im Winter blau.

Pflege: Mag nährstoffreiche, leicht feuchte Erde. Nicht austrocknen lassen und regelmäßig düngen. Häufiger Schnitt führt zu buschigem Wuchs. Notfalls radikaler Rückschnitt auf 5 cm möglich. Kühl und hell oder dunkel überwintern – oder hell und warm für die Winterernte. Vermehrung über Teilung oder Stecklinge.

Verwendung: Die frischen Blätter besitzen roh oder nur kurz erwärmt ein intensives Pilzaroma.

Tulsi, Tulasi
Ocimum sanctum

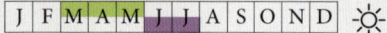

J F M A M J J A S O N D ☀

Saattiefe: 0 cm | Pflanzabstand: 40 x 40 cm

Wuchs: Tulsi oder Tulasi, das »Indische Basilikum«, ist ein 30–100 cm hoher Halbstrauch, der je nach Sorte grüne oder dunkelviolette Blätter sowie weiße bis zart rosafarbene Blüten trägt. Nicht frosthart, aber prinzipiell mehrjährig.

Pflege: Vorkultur von März bis Ende April, Freilandaussaat von April bis Ende Mai. Erst nach den Eisheiligen auspflanzen. Benötigt nährstoffreiche, gleichmäßig feuchte Erde.

Verwendung: Entspannender, stärkender Tee und Gewürz für asiatische Gerichte. Auch getrocknet aromatisch.

Japanischer Blattsenf
Brassica juncea

J F M A M J J A S O N D ☽ ☀

Saattiefe: 1 cm | Pflanzabstand: 5 x 25 cm

Wuchs: Blattsenf bildet dunkel- bis violettgrüne Blätter, die senfartig schmecken und mit dem Alter rauer und schärfer werden. Die einjährigen Pflanzen werden 30 cm hoch, mitsamt den gelben Blütenständen bis zu 100 cm.

Pflege: In nährstoffreiche Erde säen, nicht austrocknen lassen. Mehrfache Ernte möglich, auf maximal 5 cm stutzen. Nicht mehrere Jahre in Folge am selben Platz in derselben Erde anbauen.

Verwendung: Blätter roh in Salaten oder Quark, alternativ gedünstet wie Spinat.

■ = Voranzucht und Aussaat ■ = Blütezeit ☀ Sonne ☽ Halbschatten ● Schatten

Parakresse
Spilanthes oleracea

 ☽ ☀

Saattiefe: 0 cm | Pflanzabstand: 30 x 30 cm

Wuchs: Die nicht frostharten, aber mehrjährigen Pflanzen werden 30 cm hoch. Das Laub und die an Stielaugen erinnernden gelben Blütenknöpfe mit brauner Mitte prickeln auf der Zunge.
Pflege: Vorkultur von März bis Mai, Freilandaussaat von Mai bis Ende Juli. Auspflanzen ab Mitte Mai. Parakresse liebt humose Erde. Nie austrocknen lassen und regelmäßig düngen. Hell und frostfrei, aber kühl überwintern. Vermehrung über Samen oder durch Stecklinge.
Verwendung: Blätter und Blüten für Salate, gedünstete Blätter als Gemüse.

Olivenkraut
Santolina viridis

J F M A M J J A S O N D ☀

Saattiefe: – | Pflanzabstand: 40 x 40 cm

Wuchs: Immergrüner, 25–60 cm hoher Halbstrauch mit zartgelben, knopfartigen Blüten. Die feingliedrigen frischgrünen Blätter schmecken intensiv nach Oliven.
Pflege: In Kräutererde setzen, zurückhaltend gießen und düngen. Frostfrei oder mit Winterschutz überwintern. Vermehrung vor allem über Teilung, Absenker oder 15–20 cm lange, im unteren Teil leicht verholzte Stecklinge.
Verwendung: Für Salate, Quark oder als Pesto, warmen Speisen kurz vorm Servieren zusetzen. Konservieren: einfrieren oder in Essig einlegen.

Agretti/Salzkraut
Salsola soda

J F M A M J J A S O N D ☽ ☀

Saattiefe: 1 cm | Pflanzabstand: 20 x 20 cm

Wuchs: Bis 70 cm hohe Einjährige mit knackig-fleischigen, salzigen Blättern und unscheinbaren Blüten. Auch Mönchsbart genannt.
Pflege: Vorkultur ab Februar, Freilandaussaat von Mai bis Mitte August. Wächst in jeder Erde ohne Staunässe. Feucht halten. Zu kleinen Gruppen pikieren. Im Haus ganzjährig beerntbar.
Verwendung: Ab 20 cm Höhe Blätter 5 cm über dem Boden ernten – nicht zu spät, da sie zäh werden. Die Pflanze treibt wieder aus. Junge Blätter sind roh genießbar, sonst blanchiert oder gedünstet.

119

Rosmarin

Indianernessel

Sprossen

Dill

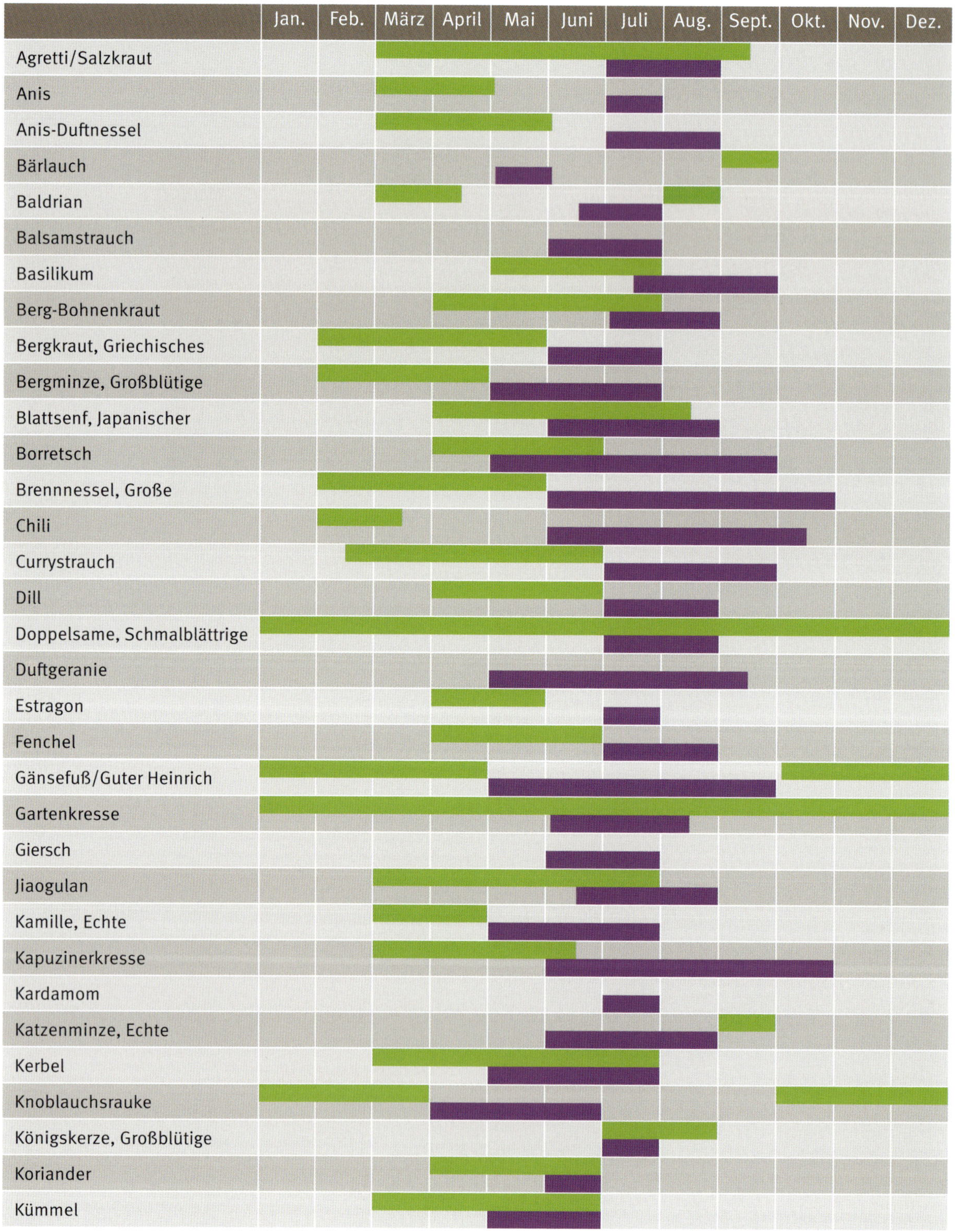

Legende: ▉ = Vorkultur und Freilandaussaat (grün, **G**) ▉ = Blütezeit (violett, **B**)

	Jan.	Feb.	März	April	Mai	Juni	Juli	Aug.	Sept.	Okt.	Nov.	Dez.
Agretti/Salzkraut			G	G	G	G	G/B	B	G			
Anis			G	G	G		B					
Anis-Duftnessel			G	G	G	G	B					
Bärlauch					B				G			
Baldrian			G			B	B	B/G				
Balsamstrauch						B	B					
Basilikum					G	G		B	B			
Berg-Bohnenkraut				G	G	G	G					
Bergkraut, Griechisches		G	G	G	G	B						
Bergminze, Großblütige		G	G	G	G	B	B					
Blattsenf, Japanischer				G	G	B	B	B				
Borretsch				G	G	B	B	B	B			
Brennnessel, Große		G	G	G	G	B	B	B	B	B	B	B
Chili		G					B	B	B	B	B	B
Currystrauch		G	G	G	G	G	B	B				
Dill				G	G	G	B	B				
Doppelsame, Schmalblättrige	G	G	G	G	G	G	B	G	G	G	G	G
Duftgeranie					B	B	B	B	B			
Estragon				G			B					
Fenchel				G	G	G	B					
Gänsefuß/Guter Heinrich	G	G	G	G	B	B	B	B		G	G	G
Gartenkresse	G	G	G	G	G	B	B	B	G	G	G	G
Giersch						B	B					
Jiaogulan			G	G	G	G	B	B				
Kamille, Echte			G	G	G	B						
Kapuzinerkresse				G	B	B	B	B	B	B		
Kardamom							B					
Katzenminze, Echte						B	B	B	G			
Kerbel			G	G	G	B						
Knoblauchsrauke	G	G	G	B							G	G
Königskerze, Großblütige							B	G				
Koriander				G	G	G	B					
Kümmel			G	G	G		B					

▉ = Vorkultur und Freilandaussaat ▉ = Blütezeit

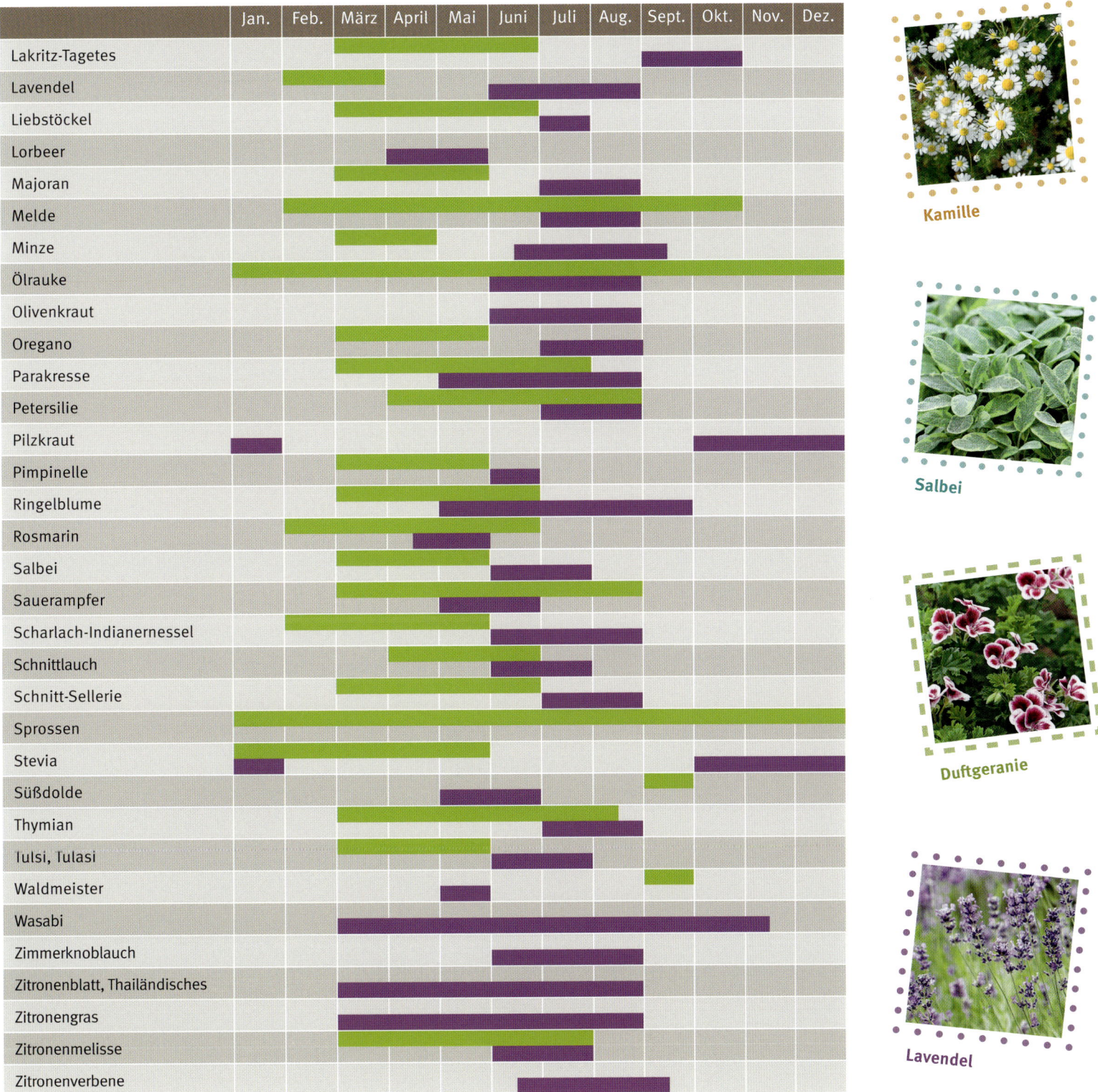

	Jan.	Feb.	März	April	Mai	Juni	Juli	Aug.	Sept.	Okt.	Nov.	Dez.
Lakritz-Tagetes			G	G	G				P	P		
Lavendel		G	G			P	P	P				
Liebstöckel			G	G	G		P					
Lorbeer				P	P							
Majoran							P	P				
Melde			G	G	G	G	G	G				
Minze						P	P	P				
Ölrauke	G	G	G	G	G	G	P					
Olivenkraut						G	P	P				
Oregano							P	P				
Parakresse			G	G	G	G	G					
Petersilie				G	G	G	P	P				
Pilzkraut		P								P	P	
Pimpinelle			G	G	G	P	P					
Ringelblume			G	G	G	P	P	P				
Rosmarin				G	G	G						
Salbei			G	G	G	P	P					
Sauerampfer			G	G	G	P	P	G				
Scharlach-Indianernessel				G	G	P	P	P				
Schnittlauch				G	G	P	P					
Schnitt-Sellerie			G	G	G	P	P	P				
Sprossen	G	G	G	G	G	G	G	G	G	G	G	G
Stevia	P		G	G	G					P	P	P
Süßdolde					P	P						
Thymian			G	G	G	G	P	P				
Tulsi, Tulasi			G	G	G							
Waldmeister					P	P			G			
Wasabi			P	P	P	P	P	P	P	P		
Zimmerknoblauch						P	P					
Zitronenblatt, Thailändisches			P	P	P							
Zitronengras			P	P	P	P	P					
Zitronenmelisse			G	G	G	P	P					
Zitronenverbene						P	P					

Kamille

Salbei

Duftgeranie

Lavendel

Adressen und Literatur

Pflanzen und Saatgut

Kräuter und Duftpflanzen
www.syringa-pflanzen.de
www.kraeuter-und-duftpflanzen.de
www.gaertnerei-strickler.de
www.immengarten-jaesch.de
www.gaissmayer.de
www.blu-blumen.de

Saatgut, -bänder, -scheiben
www.saatgut-vielfalt.de
www.samenfest.de
www.fesaja-versand.de
www.blauetikett.de
www.gartenversandhaus.de
www.sperli-versand.de
www.tom-garten.de
www.pflanzenfee.at
www.samen.ch
www.saemereien.ch

Kübelpflanzen
www.flora-toskana.de
www.floramediterranea.de

Pflanzgefäße

Pflanztaschen, Growing-Bags
www.samentraum.de
www.garten-gabel.com
www.plantu.de
www.thegardenshop.de

Hochbeete
www.gartenallerlei.de
www.beckmann-kg.de
www.hoch-beet.at

Pflanzkübel, (Über-)Töpfe, Körbe
shop.mein-schoener-garten.de
www.scheurich-shop.de
www.korbmacher.de

Kräuterspiralen
www.draht-driller.de

Kräuteranzucht

Paper-Potter, Papiertopfpresse
www.staudengaerten.de

Quelltöpfe & Co.
www.samenhaus.de
Romberg – gibt's in Gartencentern,
Händler unter www.romberg.de

Pflanzschilder und -etiketten, Kräutertrockner
www.pflanzenfee.de
shop.beetfreunde.de

Topfgarten

Dränagekissen
emsa – gibt's in vielen Gartencentern,
Händlersuche unter www.emsa.com

Bewässerungsspikes
www.baldur-garten.de

Gartenschlauchadapter für Indoorwasserhähne:
Gardena – gibt's in Gartencentern,
Händlersuche unter www.gardena.com

Freiland

Beeteinfassungen
www.hiss-reet-shop.de
www.weidenprofi.de

Weidenruten
www.re-natur.de (Versand frischer
Ruten nur von Januar bis März)

Pflanzenschutz

Nützlinge
www.katzbiotech.de
www.nuetzlinge-shop.de
Bestellkarten in vielen Gartencentern,
Händlersucher unter www.neudorff.de

Insektenhotels
www.bundladen.de
www.luxus-insektenhotel.de

Präparate mit Rapsöl, Kaliseife, Schneckenkorn
www.schneckenprofi.de

Ernte

Trocknungshilfen
siehe »Pflanzschilder«

Wiegemesser, Kräuterscheren
www.messerspezialist.de
www.schneidwaren-solingen.de

Kräutergärten

Hildegarten
Historisches Museum am Strom
Museumstraße 3
55411 Bingen am Rhein
Tel.: 0 67 21 / 99 15 31
www.bingen.de/Hildegarten

Kräuterpark Altenau
Schultal 11
38707 Altenau
Tel.: 0 53 28 / 91 16 84
www.kraeuterpark-altenau.de

Benediktinerinnenabtei zur Hl. Maria
Nonnengasse 16
36037 Fulda
Tel.: 0 66 1 / 90 24 50
www.abtei-fulda.de

Immengarten Jaesch
Immengarten 1
31832 Springe-Bennigsen
Tel.: 0 50 45 / 83 83
www.immengarten-jaesch.de

Heilpflanzengarten Celle
Wittinger Straße 76
29223 Celle
Tel.: 0 51 41 / 1 24 54
www.celle-tourismus.de

Kräutergarten Reichenau
Im Klostergarten beim Münster
auf der Reichenau
Info: Tourist-Information Reichenau
Tel.: 0 75 34 / 9 20 70
www.reichenau-tourismus.de

Planten un Blomen in Hamburg
Klosterwall 8
20095 Hamburg
Tel.: 040 / 428 23 21 50
www.plantenunblomen.hamburg.de

Bücher, die weiterhelfen

Beiser, R.: Mein Heilpflanzengarten. Ulmer Verlag, Stuttgart

Bergmann, H.: Kräuterspirale. Gräfe und Unzer Verlag, München

Hecker, F. und K.: Kräuter, Beeren und Pilze: Bestimmen. Sammeln. Zubereiten. BLV Verlag, München

Heistinger, A.: Kräuter richtig anbauen. Löwenzahn Verlag, Innsbruck

Holmes, C.: Kräuter für den Gourmetgärtner. Dumont Buchverlag, Köln

Hudak, R.: Kräuter selbst anbauen. Gräfe und Unzer Verlag, München

Fuchs, C.: Räuchern mit heimischen Pflanzen. Kosmos Verlag, Stuttgart

Kötter, E.: Kräuter für jeden Geschmack. Gräfe und Unzer Verlag, München

Kötter, E.: Küchenkräuter in Töpfen. Gräfe und Unzer Verlag, München

Kullmann, F.: Gärtnern mit dem Hochbeet. Gräfe und Unzer Verlag, München

Schacht, M.: Garten Basics. Gräfe und Unzer Verlag, München

Schacht, M.: Praxiscoach Pflanzenschutz. BLV Verlag, Stuttgart

Sr Christa Weinrich: Mischkultur im Hobbygarten. Ulmer Verlag, Stuttgart

TEUBNER Edition: Das große Buch der Kräuter & Gewürze. Gräfe und Unzer Verlag, München

Tornieporth, G.: Hildegard von Bingen: Das Gartenbuch. BLV Verlag, Stuttgart

Wittmann, K.: 70 Küchenkräuter von A bis Z. Gräfe und Unzer Verlag, München

Register

Rezepte

Gartenlust pur.

KÜCHENKRÄUTER IN TÖPFEN
Es geht auch ohne Beet

ISBN 978-3-8338-3861-3

Mascha Schacht

Garten Basics

Gärtnern für Anfänger

GU

ISBN 978-3-8338-2907-9

FOLKO KULLMANN

Gärtnern mit dem HOCHBEET

So einfach geht's

GU

ISBN 978-3-8338-4215-3

SUPERFOODS
ANBAUEN UND ERNTEN
Heimische Fitmacher und exotische Vitaminwunder

GU

ISBN 978-3-8338-5214-5

HEIDE BERGMANN

KRÄUTER-SPIRALE
Kräutervielfalt auf kleinem Raum

GU

ISBN 978-3-8338-3463-9

Mascha Schacht

Balkon Basics

Stadtgärtnern für Anfänger

GU

ISBN 978-3-8338-3936-8

 Auch als eBook erhältlich.

Mehr von GU auf **www.gu.de** und
facebook.com/gu.verlag

G|U

Willkommen im Leben.

Autorin

Mascha Schacht (Dipl.-Ing.) arbeitete nach ihrem Gartenbaustudium an der Fachhochschule Erfurt als Redakteurin bei der Zeitschrift »Mein schöner Garten« in Offenburg. Seit Ende 2009 schreibt sie als freie Gartenjournalistin regelmäßig für diverse Gartenzeitschriften und ist als Buchautorin tätig. 2011 und 2013 zählte sie zu den Preisträgern des Deutschen Gartenbuchpreises. In ihrer Freizeit liest sie gerne, versucht, ihre Salbeibäume zu bändigen, oder freut sich über die Wilde Rauke, die im Hof das Unkraut in den Pflasterfugen in Schach hält.

Impressum

© 2017 GRÄFE UND UNZER VERLAG GmbH, München

Alle Rechte vorbehalten. Nachdruck, auch auszugsweise, sowie Verbreitung durch Film, Funk, Fernsehen und Internet, durch fotomechanische Wiedergabe, Tonträger und Datenverarbeitungssysteme jeglicher Art nur mit schriftlicher Genehmigung des Verlages.

Projektleitung: Vanessa Lotz
Lektorat: Christa Klus-Neufanger
Bildredaktion: Schreibergarten Judith Starck, Petra Ender (Cover)
Umschlaggestaltung und Layout:
independent Medien-Design
Horst Moser, München
Herstellung: Petra Roth
Satz: Marion Feldmann
Reproduktion: Longo AG, Bozen
Druck und Bindung:
PRINTER TRENTO S.R.L., Trento
Printed in Germany
ISBN 978-3-8338-5871-0
1. Auflage 2017

Umwelthinweis: Dieses Buch ist auf PEFC-zertifiziertem Papier aus nachhaltiger Waldwirtschaft gedruckt.

f www.facebook.com/gu.verlag

Bildnachweis

Cover: Renate Forster/Lisa Martin
Alamy Stock Photo: 25-1; **Anke Schütz:** 71-1; **Die Grüne Kamera/Dorothea Baumjohann:** U2-6, 24, 62, 83-1; **Dieter Klein:** 89; **F1online**/Westend61/Richàrd Bellevue: 47-1; **Flora Press:** 75-2, 85, 109-2; /BIOSPHOTO/Catherine Fruhinsholz: 96-3, 115-2; /Botanical Images: 22-1; /Christine Ann Föll: 18; /Derek St. Romaine: 96-2; /GWI: U3-4,U3-7, 32-1, 32-2, 33-2, 50-3, 87-1, 115-1, 120-1, 121-2, 121-3; /MAP: 72-1, 118-3, 119-2; /Martin Hughes-Jones: 50-2, 115-3; /Modeste Herwig: 11-2; /Nova Photo Graphik: 6, 86-2; /Otmar Dietz: 43-2, 73-1, 119-3; /Pavel Ovslk: 41-2, 82; /Redeleit & Junker/L. Redeleit: 76; /Redeleit & Junker/U. Niehoff: U3-8, 93-1; /Sibylle Pietrek: 11-1; /Ute Klaphake: 58-3, 102-3, 114-2, 120-3; /Visions: U2-1,U3-8, 7-2, 32-3, 42-1, 59-1, 73-2, 101-1; **Friedrich Strauß:** U3-5, 13-1, 16, 21-1, 26, 38, 41-1, 42-2, 43-2, 51-3, 63-1, 64-1, 64-2, 65-2, 70, 75-1, 81-1, 87-2, 91-2, 92, 93-2, 97-1, 97-3, 100, 101-2, 102-2, 103-3, 107-2, 108, 111-2, 112, 113, 114-1, 114-3, 118-1, 118-2, 119-1; **GAP Photos:** U2-7, 14, 27-1, 36, 39-2, 48, 55-1, 74; /Benedikt Dittli: U2-3, 15-1; /Gary Smith: 27-2; /John Glover: U3-3, 47-2; /Juliette Wade: 15-2; /Mark Winwood: 54; /Mary Cousens: 69-2; /Neil Overy: 29-1; /Nicola Stocken: U2-8, 29-2; /Pernilla Bergdahl: 110; /Rachel Chappel: 91-1; /Robert Mabic: 94, 106, 107-1; /Stephen Studd, Designer/Stuart Charles Towner, Sponsor, Hambrooks: U3-2, 109-1; /Thomas Alamy: 58-2; /Tim Gainey: 25-2; /Tori Chugg: 9; **Getty Images**/Corbis Documentary/Carol Sharp/Flowerphotos: 111-1; /amana images/Neo Vision: 84-1; /Cultura/Emely: 2, 7-1, 8; /istockphoto/Ababsolutum: 69-1; /istockphoto/susandaniels: 68; /Jaroslaw Wojik: 55-2; /Moment/Guido Mieth: 40; /stevecoleimages: 84; /Taxi/Kathrin Ziegler: U3-6, 17-1; /Vitalina Rybakova: 71-2; /Westend 61: U2-4, 46; **Jaesch:** 104; **Julia Hoersch:** 77-1; **Jutta Schneider/Michael Will:** 116-6, 117; **Kramp + Gölling:** 34, 35, 60, 61, 81-1, 99; **Kräuterpark Altenau:** 88; **Kristijan Matic/Produktion Folko Kullmann:** U3-1, 23, 30-8, 31, 37, 49, 53, 56-6, 57, 95; **Landldee/Karin Goldbach:** 66, 67; **Mascha Schacht:** 44, 45-3; **mauritius images**/Garden World Images/GWI/John Swithinbank: 103-2; /Garden World Images/GWI/Rita Coates: 50-1, 86-1; /Garden World Images/John Martin: 21-2; /Garden World Images/Oscar D'arcy: 43-1; /Garden World Images/Trevor Sims: 58-1; /RM Floral/Alamy: 65-1; **Melanie Zanin:** 98; **Modeste Herwig:** 12, 20, 51-1, 73-3, 120-4; **Mona binner Photographie:** 99-2; **plainpicture**/Franke + Mans: 90; **Romberg:** 28, 39-1; **Rühlemann's Kräuter und Duftpflanzen:** 59-3, 87-3; **Scheurich:** 17-2; **shutterstock**/anat chant: 103-1; /Aubord Dulac: 105-1; /D. Kucharski K. Kucharska: 59-2; /Darios: 105-3; /Drozdowski: U2-5, 51-2, 121-4; /fedsax: 65-3; /Fotokostic: 43-3; /fotomarekka: U2-9, 33-1; /Kaesler Media: 97-2; /Karen Kaspar: 72-2; /Lisa S.: 22-2; /Maljalen: 10; /Nicolette_Wollentin: 86-3, 121-1; /Olga Miltsova: 33-3; /photka: 13-2; /Reika: 77-2; /simonidadj: 80; /Tadas_Jucys: U2-2, 105-2; /Vahan Abrahamyan: 64-3, 120-2; /Valentyn Volkov: 83-2; /Volosina: 63-2; **Staudengärtnerei Gaissmayer:** 72-3, 96-1, 102-1; **Thomas Merz:** 45-1, 45-2; **Wolfgang Schardt:** 78, 79.

Alle Illustrationen von **Heidi Janiček**.

Seasons Agency:
www.seasons.agency

Liebe Leserin, lieber Leser,

haben wir Ihre Erwartungen erfüllt? Sind Sie mit diesem Buch zufrieden? Haben Sie weitere Fragen zu diesem Thema? Wir freuen uns auf Ihre Rückmeldung, auf Lob, Kritik und Anregungen, damit wir für Sie immer besser werden können.

GRÄFE UND UNZER Verlag
Leserservice
Postfach 86 03 13
81630 München
E-Mail:
leserservice@graefe-und-unzer.de

Telefon: 00800 / 72 37 33 33*
Telefax: 00800 / 50 12 05 44*
Mo–Do: 9.00 – 17.00 Uhr
Fr: 9.00 – 16.00 Uhr
(* gebührenfrei in D, A, CH)

Ihr GRÄFE UND UNZER Verlag
Der erste Ratgeberverlag – seit 1722.

GRÄFE UND UNZER

Ein Unternehmen der
GANSKE VERLAGSGRUPPE